Le Roman de Merlin

ÉTONNANTS · CLASSIQUES

ROBERT DE BORON

Le Roman de Merlin

Présentation, adaptation, chronologie, notes et dossier par
JEAN-PIERRE TUSSEAU,
professeur de lettres

D'après l'édition et la traduction
*d'*ALEXANDRA MICHA

GF Flammarion

**Le Moyen Âge
dans la collection «Étonnants Classiques»**

Aucassin et Nicolette

La Chanson de Roland

CHRÉTIEN DE TROYES, *Lancelot ou le Chevalier de la charrette*

Perceval ou le Conte du graal

Yvain ou le Chevalier au lion

Fabliaux du Moyen Âge (anthologie)

La Farce de Maître Pathelin

La Farce du Cuvier et autres farces du Moyen Âge

ROBERT DE BORON, *Merlin*

Le Roman de Renart

© Flammarion, Paris, 2001.
Édition revue, 2006.
ISBN : 978-2-0807-2302-4
ISSN : 1269-8822

SOMMAIRE

Le Roman de Merlin

▪ Dossier 125

La « matière de Bretagne »

À la fin du XIIᵉ siècle, le poète Jean Bodel écrivait : « Ne sont que trois matières a nul homme entendant / De France, de Bretagne, ou de Rome la grant. » La matière de France désigne les chansons de geste, univers dominé par la figure de Charlemagne. Celle de Rome représente les grands romans inspirés de l'Antiquité. La matière de Bretagne [1] emprunte ses thèmes à un ensemble de légendes celtiques, retraçant l'épopée du roi Arthur, en lutte contre l'envahisseur saxon et gouvernant son peuple avec justice et bonté, entouré pour cela des chevaliers de la Table ronde.

À la suite de Chrétien de Troyes qui composa les premiers romans en ancien français, Robert de Boron, chevalier-clerc attaché au service de Gautier de Montbéliard, a consacré au monde arthurien plusieurs romans. Nous en connaissons au moins trois, par fragments : *Joseph d'Arimathie*, le *Roman de l'histoire du Graal*, *Merlin*.

Du *Roman de Merlin*, seuls les cinq cents premiers vers nous sont parvenus. Le reste nous est connu par une translation (adaptation) en prose du XIIIᵉ siècle. Jusqu'au XIIᵉ siècle, le mot *roman* désignait, par opposition au latin qui servait à la rédaction des ouvrages d'érudition, la langue romane, langue parlée d'usage courant. À partir de la fin du XIIᵉ siècle, le mot désigne les ouvrages de fiction et d'imagination écrits en langue romane.

---

1. *Bretagne* : ancien nom de l'Angleterre, que l'on appelle aujourd'hui « Grande Bretagne » par opposition à la « Petite Bretagne », notre Armorique.

Des sources variées

Une des originalités de l'œuvre de Boron réside dans la diversité de ses sources. Dans l'univers celtique, marqué par le merveilleux (pouvoirs surnaturels de Merlin, dragons, prodiges, etc.), le *Roman de Merlin* introduit des éléments inspirés de la mythologie antique : la conception de Merlin rappelle celle de Romulus et Rémus, nés d'une vierge, la vestale Rhéa Silvia, grâce à l'intervention divine de Mars ; la métamorphose d'Uterpandragon en comte de Tintagel est directement inspirée de la métamorphose de Zeus en Amphitryon pour séduire Alcmène et engendrer Héraklès (comme Arthur naît de l'union entre Uterpandragon et Igerne).

Cependant, le monde dans lequel évoluent les personnages de ce roman est fondamentalement chrétien. On s'y réfère sans cesse au Christ et à l'Église, au péché et au Salut. La Table ronde existe par référence à la Cène[1] et le siège périlleux renvoie à la trahison de Judas. Le temps est rythmé par les fêtes religieuses. Les codes sociaux, enfin, sont ceux de la société féodale du XIIᵉ siècle, contemporaine de l'auteur, régie par les codes de la chevalerie et de la courtoisie.

La société repose sur le contrat vassalique : un vassal reçoit protection et entretien (il obtient un fief) de son seigneur, auquel il fournit en échange conseil (en assistant à sa cour) et aide (en combattant). Ce contrat repose sur la fidélité du vassal envers son seigneur et du seigneur envers son vassal, et toute trahison met en péril l'équilibre de la société. Aussi les notions d'honneur et de fidélité sont-elles fondamentales et partout présentes dans l'œuvre de Robert de Boron.

---

1. *La Cène* : dernier repas du Christ entouré de ses apôtres. Du latin *coena*, dîner, repas du soir.

Le fonctionnement du pouvoir est lié à cette organisation féodale : les rois ne décident jamais sans avoir auparavant consulté leur conseil ; certains conseillers, comme Ulfin, savent habilement manipuler leurs pairs pour orienter leur décision.

Merlin l'enchanteur

Merlin est un personnage clé de la littérature médiévale, fort différent du vieil hurluberlu un peu niais mis en images par l'industrie Disney. Merlin et le roi Arthur ont bien existé, mais on note de nombreuses différences entre les personnages historiques et les héros du *Roman de Merlin*. Merlin était au VIe siècle un barde, poète et conseiller d'un chef de guerre nommé Gwenddoleu. Celui-ci vivait non pas en Bretagne armoricaine, où l'on a coutume de localiser la légende, mais au royaume de Strathclyde (région comprise entre les murs d'Antonin et d'Hadrien [1]) dans les Lowlands d'Écosse, où les Romains avaient facilité l'installation d'une colonie bretonne qui leur servait de rempart contre les Pictes [2]. Après la mort de son maître, il se serait retiré dans la forêt de Calédon (Écosse).

Plus tard, il fut associé à Arthur, héros de la résistance des Bretons contre les Saxons dont il était sensiblement contemporain. Ce sont les moines des abbayes de Glastonbury et Salisbury qui ont transféré vers le sud, en Cornouailles et au pays de Galles, l'histoire de Merlin et celle du roi Arthur, au début du XIIe siècle, afin d'attirer les pèlerins.

---

1. *Les murs d'Antonin et d'Hadrien* : murs édifiés par les Romains pour marquer les limites de la province romaine. Voir sur la carte, p. 16.
2. *Les Pictes* : population d'une partie de l'Écosse.

Son souvenir, conservé oralement, s'est étoffé et diversifié pour apparaître cinq siècles plus tard dans des œuvres littéraires écrites : *Prophetiae Merlini* (*Les Prophéties de Merlin*), *Vita Merlini* (*La Vie de Merlin*) de Geoffroy de Monmouth, le *Roman de Brut* (des Bretons) de Wace – principale source du *Merlin* de Robert de Boron.

L'œuvre de Robert de Boron est la première en langue vulgaire consacrée à Merlin. Celui-ci joue un rôle fondamental dans l'accession au pouvoir du roi Arthur, puis disparaît après le couronnement, car l'accession d'Arthur au trône marque le dénouement heureux de l'œuvre. Les amours de Merlin et Viviane, dont on trouvera un résumé dans le dernier chapitre, ne figurent pas dans l'œuvre de Robert de Boron, mais sont une création de ses continuateurs.

Le personnage était trop riche et trop attachant pour disparaître si tôt. Il n'a cessé de réapparaître dans les différentes versions de la légende arthurienne, tantôt en tant que prophète, tantôt en tant que magicien. Depuis, il n'a cessé de hanter les esprits et, encore au XXe siècle, il a inspiré plusieurs écrivains : Apollinaire, Cocteau, Steinbeck, Barjavel... Il figure dans presque tous les films où apparaît le roi Arthur.

Merlin est une créature diabolique engendrée par la volonté collective des démons pour contrer l'influence du Christ parmi les hommes. Le repentir, la piété exemplaire de sa mère, la précieuse assistance d'un saint homme nommé Blaise le sauvent. C'est ainsi que Merlin est de nature à la fois diabolique et divine. C'est cette seconde essence qui fait de lui un personnage clé dans le cycle du graal. Il apparaît comme une figure emblématique de l'humanité soumise – selon la tradition chrétienne – au péché originel, mais susceptible de rachat.

Son enfance et son savoir précoce rappellent ceux du Christ tenant tête aux docteurs du temple de Jérusalem. Comme Jésus, il est prophète ou dénonce les faux prophètes.

Merlin cependant n'est dénué ni d'humour ni d'une certaine rouerie. Il aime, dit-il, être vu sans être reconnu. Il se plaît à déjouer le baron qui voulait le démasquer en lui faisant une triple prédiction. Il se joue du jeune roi Uter en prenant alternativement l'apparence du jeune serviteur d'une femme aimée et celle d'un vieillard.

Cet humour sert une morale chrétienne alliée à une sagesse toute socratique : la connaissance de soi pour mieux aller vers les autres : « Qui ne se connaît pas soi-même peut-il connaître autrui[1] ? » dit Merlin, qui incite aussi à aller au-delà des apparences : « On ne connaît pas bien un homme si on sait seulement à quoi il ressemble. »

Il tire sa sagesse de ses multiples retraites dans la forêt. C'est, dit-il, une « nécessité de sa nature », c'est-à-dire un besoin vital. Les moments d'action et de réflexion alternent. Merlin fuit la ville et l'agitation pour se ressourcer le corps et l'esprit au contact de la nature. Cette dimension « écologique » contribue à faire de lui notre contemporain.

---

1. La philosophie grecque avait adopté la formule : « Connais-toi toi-même. »

CHRONOLOGIE

1066 1214
1066 1214

- ■ Repères historiques
- ■ Repères culturels

Repères historiques

Repères culturels

1077	Tapisserie de Bayeux (« Toile de la conquête » qui décrit et illustre les faits de la conquête d'Angleterre, par exemple la bataille de Hastings).
Fin XIᵉ siècle	*Chanson de Roland.*
1138	*Historia Regum Britanniae* de Geoffroy de Monmouth, écrite à la gloire d'Arthur et des rois de la Bretagne celtique.
1148-1150	*Vita Merlini* de Geoffroy de Monmouth.
1155	*Roman de Brut* de Wace (adaptation en français de l'*Historia…*).
1163	Début de la construction de Notre-Dame de Paris.
1167	*Lais* de Marie de France.
1172-1175	*Tristan* de Thomas.
1176-1185	Publication des romans de Chrétien de Troyes.
Fin XIIᵉ- début XIIIᵉ	*Roman de Merlin* de Robert de Boron.
1194	Début de la construction de la cathédrale de Chartres.
1214	*Tristan* de Béroul.

Note sur l'établissement du texte : les auteurs du Moyen Âge passaient volontiers du passé au présent pour insister sur un moment particulièrement grave. Nous avons conservé cette alternance qui peut surprendre un lecteur moderne. Nous avons délibérément renoncé à l'emploi du subjonctif imparfait.

Le Roman de Merlin

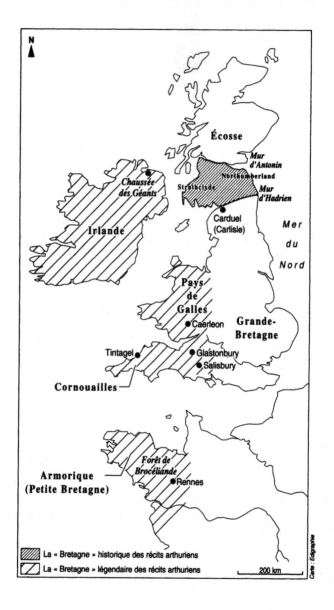

N

Écosse

Mur
d'Antonin

Northumberland

Strathclyde

Mur
d'Hadrien

Chaussée
des Géants

Irlande

Carduel
(Carlisle)

Mer
du
Nord

Pays
de
Galles

Caerleon

Grande-
Bretagne

Tintagel

Glastonbury

Salisbury

Cornouailles

Armorique
(Petite Bretagne)

Forêt de
Brocéliande

Rennes

La « Bretagne » historique des récits arthuriens

La « Bretagne » légendaire des récits arthuriens

200 km

Carte : Édigraphie

Le fils du diable

Le diable entra dans une violente colère quand il apprit que Notre-Seigneur était descendu en enfer pour en libérer Adam et Ève ainsi que tous ceux qu'il voulait sauver. Alors, tous les démons se rassemblèrent.

5 «Vous souvient-il, dit l'un d'eux, des paroles des prophètes qui disaient que le fils de Dieu viendrait sur terre pour racheter le péché d'Ève et d'Adam et de tous les autres pécheurs ?

– Et savez-vous, poursuivit un autre, qu'en son nom il les fait laver avec de l'eau [1] et qu'ainsi nous n'avons plus aucun pouvoir
10 sur eux, à moins qu'ils ne reviennent à nous par leurs actes ?

– Il a le pouvoir de pardonner au pécheur qui toute sa vie a accompli nos œuvres s'il regrette ses fautes à l'article de la mort.

– Si nous disposions d'un homme doué, comme nous, du pouvoir de connaître tout ce qui s'est fait et dit dans le passé et qui
15 vivrait parmi les hommes, sur la terre, il pourrait nous aider à les tromper.

– L'un d'entre nous serait capable de prendre une apparence humaine et d'avoir commerce avec une femme, mais il faudrait qu'il le fasse le plus discrètement possible. »
20 Tous tombèrent d'accord sur la nécessité d'engendrer un homme capable de séduire à leur profit l'humanité entière. C'est

---

1. *Laver avec de l'eau* : allusion au baptême.

ainsi que le diable entreprit de créer un être qui aurait sa mémoire et son intelligence pour se jouer de Jésus-Christ.

Alors le diable vint rôder autour d'une jeune fille dont il avait
25 tellement réduit la famille au désespoir que le père avait perdu la foi avant de mourir de chagrin, la mère s'était donné la mort et les sœurs s'étaient livrées à la prostitution. Mais la fille était très pieuse et se fiait à son confesseur qui lui avait recommandé :

«Chaque fois que tu te lèveras et que tu te coucheras, signe-
30 toi au nom du Père, du Fils et du Saint-Esprit. Veille à ce que la nuit, pendant ton sommeil, il y ait toujours de la lumière car le diable déteste la clarté.»

La demoiselle vécut ainsi longtemps, échappant aux pièges, sans commettre une seule mauvaise action. Ne voyant pas com-
35 ment la duper et se glisser dans l'un ou l'autre de ses actes, le diable en fut consterné. Finalement, comme elle se détournait des œuvres chères au démon[1], il pensa ne pouvoir l'abuser et lui faire oublier les enseignements du saint homme qu'en réussissant à la mettre en colère[2].

40 Un soir, sa sœur qui s'adonnait à la débauche vint la tourmenter en compagnie d'une bande de jeunes garçons. La jeune fille voulut leur interdire l'entrée de la maison paternelle.

«Tant que vous mènerez cette vie, vous n'entrerez pas ici.»

La sœur s'emporta contre elle. Les garçons la rouèrent de
45 coups. Pour leur échapper, la demoiselle se réfugia dans sa chambre où elle s'enferma.

Elle se mit au lit tout habillée, la mort dans l'âme. La voyant seule, en colère, plongée dans une profonde obscurité, le diable, tout joyeux, lui remit dans l'esprit les souffrances de son père, de
50 sa mère, de son frère et de ses sœurs, et lui fit revoir sa sœur qui l'avait battue. Au souvenir de toutes ces misères, elle s'abandonna alors aux larmes tant elle éprouvait de chagrin et s'endormit avec

---

1. *Œuvres chères au démon* : péchés.
2. La colère est un des sept péchés capitaux.

ces douloureuses pensées. Voyant qu'elle avait complètement oublié les recommandations du saint homme dans cet accès de désespoir, le diable se dit : « La voici maintenant toute prête et hors de la protection de son maître : c'est le moment de la livrer à notre homme. »

Celui des diables qui avait le don de s'incarner et de coucher avec une femme fut tout de suite mis en état d'agir. Il vint à elle pendant son sommeil et la féconda. Quand elle se réveilla, elle se souvint du saint prêtre et se signa.

« Sainte Marie, dit-elle, que m'est-il arrivé ? Le mal est venu sur moi depuis que je me suis couchée. Belle et glorieuse mère de Dieu, suppliez votre bienheureux père et votre cher fils de sauver mon âme et de me défendre des atteintes du démon. »

Elle se lève et se met à la recherche du coupable, mais elle ne parvient pas à le trouver. Elle court alors à sa porte. Constatant qu'elle est bien fermée, elle fouille toute la pièce, sans résultat. Elle comprend qu'elle a été le jouet du diable, s'abandonne à sa douleur et implore avec ferveur Notre-Seigneur de ne pas la laisser couverte de honte en ce monde.

Dès qu'il fit jour, elle se mit en route pour aller chez son confesseur.

Le prêtre écouta tout ce qu'elle avait à lui dire. Il en restait perplexe car il n'avait jamais entendu conter un tel prodige.

« Quand naîtra l'enfant que tu portes, dit-il, je verrai bien si tu m'as menti. J'ai entière confiance en Dieu. Si tu m'as dit la vérité, tu n'auras pas à craindre la mort. Mais ce que tu peux redouter à coup sûr, c'est que, quand les juges l'apprendront, ils te fassent arrêter pour mettre la main sur tes nombreux immeubles et sur ton beau domaine sous prétexte de faire justice. Quand on t'arrêtera, fais-le-moi savoir, j'irai t'apporter, si je puis, aide et réconfort. Rentre chez toi, mets toute ton espérance en Dieu et mène une bonne vie, car une bonne vie aide beaucoup à faire une bonne fin. »

Revenue chez elle, elle vécut en paix et simplement jusqu'au jour où les juges arrivèrent dans la région et apprirent la

nouvelle. Ils envoyèrent des gens la quérir à son logis pour la faire comparaître devant eux. Dès son arrestation elle fit appeler le saint homme qui l'avait toujours conseillée. Sitôt informé, il
90 accourut et vit que les juges étaient déjà en train d'instruire le procès. Ceux-ci lui rapportèrent les dires de cette fille qui prétendait ignorer qui l'avait rendue mère.

« Croyez-vous, lui demandèrent-ils, qu'une femme puisse devenir enceinte et avoir un enfant sans avoir de rapports avec un
95 homme ?

– Je ne vous dirai pas tout ce que je sais, mais ce que je puis vous dire c'est que vous ne devriez pas rendre un jugement sur elle tant qu'elle est enceinte, car ce ne serait ni juste ni raisonnable. L'enfant n'a pas mérité la mort à cause du péché de sa
100 mère : ou alors reconnaissez que vous aurez mis à mort un innocent, comme s'il était coupable.

– Nous suivrons votre avis, dirent les juges.

– Dans ce cas, faites mettre sous bonne garde la jeune fille dans une tour. Placez auprès d'elle deux femmes pour l'aider
105 quand viendra l'heure de la délivrance. Gardez-la ainsi sous surveillance jusqu'à la naissance de l'enfant, puis aussi longtemps qu'elle pourra le nourrir, jusqu'à ce qu'il puisse manger tout seul et demander ce dont il a besoin. »

Selon les indications du prêtre, on mit la jeune fille dans une
110 haute tour. On fit murer toutes les portes et on plaça auprès d'elle deux femmes, les plus honnêtes qu'on avait pu trouver pour cette mission. On laissa, au haut de la tour, une fenêtre ouverte par où elles tiraient au moyen d'un panier suspendu à une corde tout ce dont elles avaient besoin.

115 La jeune fille vécut ainsi dans cette tour jusqu'au moment où l'enfant vit le jour selon la volonté de Dieu. Dès sa naissance, il eut tout naturellement les pouvoirs et l'intelligence du diable, son père. Mais, grâce au repentir de sa mère, à l'aveu de ses fautes, à sa confession purificatrice, grâce enfin à la vertu du baptême, Notre-
120 Seigneur, qui n'entendait pas priver le diable de ce qui lui

revenait, ne voulut pas que la faute de la mère puisse nuire à l'enfant : il lui accorda la faculté de connaître l'avenir. De la sorte, il tint du diable la connaissance des actes et des paroles du passé, et de Dieu celle de l'avenir.

125 Telles furent les circonstances de cette naissance.

Quand les femmes prirent le nouveau-né dans leurs bras, elles furent saisies d'une grande frayeur en le voyant plus velu et plus poilu que tous les autres enfants.

« Cet enfant me fait peur, dit sa mère en se signant.

130 – À nous aussi, dirent les femmes, et c'est tout juste si nous avons le courage de le tenir.

– Déposez-le, dit-elle, et faites-le baptiser.

– Quel nom souhaitez-vous lui donner ? demandèrent-elles.

– Celui de mon père. »

135 Elles le mirent dans le panier, le firent descendre au moyen de la corde et demandèrent qu'on le baptise en lui donnant le nom de son aïeul maternel. C'est ainsi qu'il reçut le nom de Merlin.

On le rendit à sa mère qui l'allaita elle-même jusqu'à l'âge de neuf mois, car aucune femme n'en avait le courage.

résumé : des femmes restent avec elle dans la tour et à un mommentt il découvrent que l'enfant parle et peut voir le passe et l'avenir.

Les premières prophéties

Quand l'enfant eut dix-huit mois, les femmes dirent à la mère :

« Madame, nous aimerions bien sortir d'ici et rentrer chez nous.

– Aussitôt après votre départ, répondit-elle, je sais bien que je passerai en jugement.

5 – Hé, ma dame, nous n'y pouvons rien et nous ne voulons pas nous éterniser ici. »

Et, fondant en larmes, elle s'assoit en tenant son enfant dans ses bras.

« Cher fils, à cause de vous je vais mourir sans l'avoir mérité

10 parce que je suis la seule à savoir la vérité et personne ne veut me croire. »

L'enfant la regarda et se mit à rire.

« Ma chère mère, dit-il, n'ayez pas peur, je ne serai pas responsable de votre mort. »

15 En entendant l'enfant parler ainsi, les bras lui en tombèrent. L'enfant chuta et se blessa. Pensant qu'elle avait voulu le tuer, les femmes qui étaient à la fenêtre se précipitèrent auprès d'elle.

« Pourquoi, demandèrent-elles, votre enfant est-il tombé ? Vous voulez donc sa mort ?

20 – Loin de moi cette pensée, répondit-elle tout abasourdie. Il vient de me faire une révélation si extraordinaire que les bras et le cœur m'ont manqué.

– Que vous a-t-il dit, pour que vous ayez une telle peur ?

– Il m'a dit que je ne mourrai pas à cause de lui.

25 – Va-t-il dire encore autre chose ? »

Elles le pressèrent de questions pour le faire parler, mais il n'en manifesta pas le désir et ne dit pas un mot.

« Menacez-moi, dit la mère aux deux femmes après un long moment, et dites que je serai brûlée vive à cause de lui[1]. Je le
30 tiendrai dans mes bras et vous verrez alors s'il consent à parler. »

Les femmes s'approchèrent.

« Quel affreux supplice pour votre beau corps qui sera brûlé sur le bûcher à cause de cette créature ! Il aurait mieux valu qu'il ne soit pas venu au monde.

35 – Vous mentez, s'écria l'enfant. C'est ma mère qui vous a soufflé cela !

– Ce n'est pas un enfant, se dirent-elles, ébahies et effrayées par ces paroles, mais un diable qui sait tout ce que nous avons dit ! »

Elles lui parlent et l'assaillent de questions, mais il se borne à
40 répondre :

---

1. Les mères célibataires étaient enterrées vives, brûlées ou livrées à la prostitution.

« Laissez-moi tranquille ! Vous êtes plus insensées et plus grandes pécheresses que ma mère.

– Ce prodige ne peut être tenu secret, disent-elles, frappées de stupeur. Allons le dire au peuple. »

45 Elles se mettent à la fenêtre, appellent les gens, leur répètent ce que l'enfant leur a dit et déclarent qu'elles n'entendent pas rester plus longtemps enfermées. Qu'on en informe les juges !

Mis au courant de cette affaire, les juges avouèrent qu'elle n'était pas banale et qu'il était normal de traduire la mère en
50 justice. Ils firent rédiger une assignation et la convoquèrent dans les quarante jours[1] pour la juger. Épouvantée elle fit prévenir le saint homme qui l'avait confessée.

Au jour fixé pour l'assignation, les femmes quittèrent la tour. Les gens de justice arrivèrent, prirent les deux femmes à part et
55 demandèrent si les propos de l'enfant étaient bien exacts. Elles rapportèrent tout ce qu'elles lui avaient entendu dire. Émerveillés, les juges déclarèrent qu'il faudrait à l'enfant de bons arguments pour tirer sa mère d'affaire.

« Qui est le père de cet enfant ? demandent-ils à la jeune fille,
60 lorsqu'elle est devant eux.

– Seigneurs, répond-elle, je vois bien que je suis promise au supplice. Que Dieu me refuse sa pitié et sa compassion si j'ai jamais vu ou connu le père et si jamais je me suis donnée à un homme pour qu'il me fasse un enfant !

65 – Nous ne croyons pas la chose possible, répondent les juges, mais nous allons demander à vos compagnes si une femme peut porter un enfant qui n'a pas été engendré par un père.

– Oh non, répondent-elles, nous n'en avons jamais eu connaissance, sauf pour la mère de Jésus-Christ. »

70 Forts de cette affirmation, les juges décidèrent qu'il n'y avait qu'à laisser la justice suivre son cours. L'un d'eux, le plus influent, prit la parole.

---

1. **Quarante jours** : délai habituel dans le droit au Moyen Âge.

« J'ai appris, dit-il, que cet enfant parle et qu'il a dit que sa mère n'encourrait pas la mort à cause de lui. S'il doit venir à son secours,
75 je me demande pourquoi il tarde à intervenir. »

À ces mots, l'enfant se contorsionne dans les bras de sa mère qui doit le poser à terre, puis il court tout droit aux pieds des juges.

« Je vous prie de me dire, fait-il, si vous le savez, pourquoi vous voulez condamner ma mère au bûcher.
80 — Parce qu'elle t'a eu en faisant un coupable usage de son corps et qu'elle refuse d'accuser celui qui t'a engendré. Nous appliquons toujours l'ancienne loi pour juger une femme de cette espèce.

— Ma mère n'est coupable de rien, et s'il y a eu faute de sa part, ce saint homme a accepté d'en porter la responsabilité. Si vous ne
85 me croyez pas, demandez-le-lui. »

Le juge fait comparaître le prêtre, lui répète les paroles de l'enfant et lui demande s'il est prêt à les confirmer.

« Seigneur, répond-il, ce qu'il vous a dit à propos de sa mère est tout à fait exact. Si elle m'a dit la vérité sur sa mésaventure, elle n'a
90 rien à craindre de Dieu ni du monde, et justice lui sera rendue. Elle vous a raconté elle-même comment la conception de cet enfant est survenue pendant son sommeil, sans jouissance charnelle, et elle ignore qui l'a rendue mère. Elle s'en est confessée, elle s'en est repentie, sa conscience est pure.
95 — Elle n'en sera pas quitte pour autant, réplique le juge, si elle n'avoue pas qui est le père, et de façon crédible.

— Je sais mieux, fait l'enfant dans un accès de colère, qui fut mon père que vous ne savez qui fut le vôtre, et votre mère sait mieux qui vous a engendré que la mienne ne le sait pour moi. Je
100 puis vous affirmer, si vous observez une stricte justice, que votre mère a plus mérité la mort que la mienne. Elle a dit la vérité pour ce qui est de ma conception.

— Tu veux éviter le bûcher à ta mère, répond le juge furieux, mais sache que si tu n'apportes pas de preuve convaincante sur
105 la mienne pour disculper la tienne, je te ferai brûler vif avec la coupable. »

Ils s'accordèrent un délai de quinze jours pour faire comparaître la mère du juge. Durant ce temps, on interrogea plusieurs fois l'enfant mais on ne put tirer de lui un seul mot.
110 Lorsque la mère du juge fut arrivée, celui-ci fit comparaître Merlin.

«Voici ma mère, lui dit-il, tu dois maintenant t'expliquer publiquement à son sujet.

– Emmenez-la plutôt discrètement en un lieu retiré, faites venir
115 vos conseillers les plus intimes, et moi avec, et je ferai de mon côté appel aux défenseurs de ma mère, à Dieu le Tout-Puissant et à son confesseur. »

Quand ils furent réunis à l'écart, l'enfant dit :

«Vous avez arrêté ma mère et vous avez l'intention de la
120 condamner au bûcher parce qu'elle m'a mis au monde et qu'elle ne peut pas dire qui m'engendra. Elle l'ignore absolument. Mais si je voulais, je pourrais dire qui était votre père.

– Vous ne vous moquerez pas de moi de la sorte, répond le juge. Il faut en dire davantage pour vous tirer d'affaire. Chère
125 mère, ne suis-je pas le fils de votre époux légitime ?

– Mon Dieu, cher fils, de qui seriez-vous donc le fils, si ce n'est de mon bon mari défunt ?

– Madame, dit l'enfant, il vous faut dire la vérité. Vous savez bien qu'il est le fils de votre curé. À l'époque où vous avez couché
130 avec lui, votre mari était brouillé avec vous. Ce que je vous dis est-il exact ? Si vous ne voulez pas l'avouer, je poursuis ! »

Pris de colère, le juge demande à sa mère :

«Est-ce vrai, ce qu'il vient de dire ?

– Cher fils, répond la mère affolée, crois-tu ce diable-là ?

135 – Je sais tout ce qui s'est passé, reprend l'enfant. Je ferai donc une autre révélation tout aussi véridique. »

La dame se taisait.

«Quand vous vous êtes aperçue de votre grossesse, vous avez demandé au curé de ménager la réconciliation avec votre mari. Il
140 fit tant et si bien qu'il y réussit et vous fit coucher avec lui. Vous

L'enfant dit au juge que son père n'est pas son vraie père son vrai père c'est le curé. Et la mère l'avoue alors la Teune dame n'est pas tuer.

avez donc fait croire à votre époux que l'enfant était de lui, comme le croient la plupart des gens. Et votre fils ici présent en est persuadé. Depuis lors vous avez mené et vous menez encore ce genre de vie. »

145 Quand la mère eut entendu cette révélation, et elle savait que c'était la pure vérité, elle s'assit, effondrée, et vit qu'il lui fallait avouer.

« L'enfant avait raison, dit le juge, d'affirmer qu'il connaissait mieux son père que moi le mien et de soutenir que je n'avais pas le 150 droit de juger sa mère, tant que je ne juge pas la mienne. Par Dieu, poursuit-il en se tournant vers l'enfant, pour sauver ton honneur et pour que je puisse vous disculper, ta mère et toi, aux yeux du peuple, dis-moi, s'il te plaît, qui est ton père.

– Je suis le fils d'un diable qui abusa de ma mère pendant son 155 sommeil. Comme les diables, j'ai la connaissance et la mémoire du passé. En raison des bons sentiments de ma mère, de son sincère repentir, de la pénitence que le saint homme que voici lui a imposée, de sa foi dans les commandements de la sainte Église, Notre-Seigneur m'a fait aussi la grâce de connaître en partie 160 l'avenir[1]. Vous pouvez en avoir la preuve par ce que je vais vous dire. Vous allez rapporter mes paroles à celui qui vous engendra. Il en éprouvera un tel choc qu'il prendra la fuite, et le diable, qu'il a si bien servi et dont il a toujours accompli les œuvres, le conduira à une rivière où il se noiera, loin de tous. »

165 Le juge renvoya sa mère accompagnée de deux hommes pour vérifier les dires de l'enfant. Dès son arrivée chez le curé, elle lui fit part de l'incroyable révélation qu'elle venait d'entendre. Le curé pensa en son for intérieur que, dès le retour du juge, celui-ci le mettrait à mort. Il gagna les bords d'une rivière et se dit qu'il 170 aimait mieux périr qu'être condamné publiquement à l'ignominie et au déshonneur. Le diable le poussa à se jeter à l'eau et il se noya.

---

1. *Connaître en partie l'avenir* : seul Dieu est omniscient et connaît totalement l'avenir.

Les hommes qu'on avait envoyés avec la dame assistèrent à son suicide et firent un rapport fidèle au juge.

175 Merlin, sa mère et Blaise, le saint prêtre qui l'avait confessée, s'en allèrent librement. Blaise, qui était un clerc plein de sagesse et d'une grande intelligence, mit par écrit, à sa demande, tout ce que lui confia Merlin.

«Va chercher maintenant, dit Merlin, de l'encre et du parche-
180 min, car je vais te dire ce que tu ne pourrais entendre de la bouche de personne d'autre.»

C'est ainsi que Merlin inspira cet ouvrage et le fit écrire par Blaise. Plus d'une fois celui-ci s'émerveilla des faits extraordinaires que lui confiait Merlin, ces faits lui semblaient beaux et
185 bons et il mettait toute son application à les transcrire.

résumer: les barons ont tuer moine et maintenant c'est Verriger le Roi (vote par le peuple)

La succession du roi Constant

À l'époque lointaine dont je vous parle, le christianisme était récemment parvenu en Angleterre[1]. Lorsque mourut le roi Constant, à un âge avancé, les gens se demandèrent qui ils feraient seigneur et roi. La majorité s'accorda pour laisser le
5 trône à Moine, le fils aîné de leur seigneur, malgré son jeune âge.

Vertigier, un vassal plein d'intelligence, devint son sénéchal[2]. Éclata alors une guerre: les Saxons, adversaires de Moine, et les ressortissants de l'Empire romain, vinrent à plusieurs reprises les attaquer. Vertigier, qui à titre de sénéchal du royaume agissait
10 comme il l'entendait, vit que l'enfant, son roi et son seigneur, était incompétent et n'avait ni la sagesse ni la bravoure voulues. Vertigier s'était attiré la sympathie des gens en usant des richesses

---

1. L'Angleterre a été évangélisée au IVe siècle.
2. *Sénéchal*: chef de l'administration civile, c'est-à-dire à la fois intendant, économe, maître d'hôtel. Les sénéchaux sont traditionnellement représentés comme des personnages antipathiques.

du royaume. Quand il sut qu'on reconnaissait son intelligence et sa bravoure et qu'on savait qu'il était le seul à mener une action
15 efficace, il s'en enorgueillit et décida de ne plus se mêler de la guerre du roi. Il se retira donc.

Lorsque les Saxons apprirent qu'il avait renoncé au commandement, ils s'assemblèrent et attaquèrent avec d'importantes forces les chrétiens. Le roi dut alors faire appel à Vertigier.
20 «Ami cher, lui dit-il, aidez-moi à défendre le pays, tous mes sujets et moi-même nous nous mettons sous vos ordres.

– Sire, répondit Vertigier, que d'autres s'en chargent, je ne puis le faire, car il y a en votre royaume des gens qui me haïssent en raison des services que je vous ai rendus. Qu'ils livrent cette
25 bataille, je ne les en empêche pas ; pour ma part je refuse de m'en mêler. »

Comprenant qu'ils n'obtiendraient rien de plus, le roi et son entourage allèrent se préparer à combattre les Saxons. Ceux-ci engagèrent le combat, les vainquirent et les mirent en déroute.
30 De retour après cette déconfiture, le roi et ses hommes durent avouer les grosses pertes qu'ils n'auraient pas subies si Vertigier avait été avec eux.

Les choses en restèrent là. Le jeune roi ne savait pas s'attacher les gens comme il aurait fallu, beaucoup le prirent en haine. Avec le
35 temps, ils le jugèrent si lâche qu'ils refusèrent de le supporter plus longtemps et vinrent trouver Vertigier.

«Seigneur, lui dirent-ils, nous n'avons plus de roi ni de maître, car celui-ci ne vaut rien. Par Dieu, soyez notre roi, gouvernez-nous, protégez-nous : personne en ce pays n'est plus apte que vous à
40 régner.

– Je ne le puis ni ne le dois tant que notre souverain est en vie, répondit-il.

– Il vaudrait mieux qu'il soit mort, s'écrièrent-ils.

– S'il était mort et si tout le monde, comme vous, me souhai-
45 tait pour roi, j'accepterais volontiers. »

La réponse de Vertigier fut interprétée de diverses façons. Les barons[1] prirent congé de lui et, de retour dans leur pays[2], ils convoquèrent leurs amis pour discuter de la situation. Ils exposèrent les propositions faites à Vertigier et la réponse de celui-ci.

50 « Le mieux, dirent-ils, est de supprimer Moine. Vertigier sera roi, il saura que c'est grâce à nous, nous ferons de lui tout ce que nous voudrons et nous pourrons désormais avoir la haute main sur lui[3]. »

Ils choisirent alors les meurtriers, ils en retinrent douze qui se 55 rendirent à la résidence royale, se jetèrent sur Moine avec des couteaux et des épées et le mirent à mort. Ce fut vite fait, car le roi n'était qu'un jeune enfant. Les barons se rendirent ensuite auprès de Vertigier.

« Maintenant tu seras roi, lui dirent-ils, car nous avons fait 60 tuer le roi Moine. »

À cette nouvelle, il feignit d'être en colère.

« Vous avez mal agi en assassinant votre souverain. Je vous conseille de vous enfuir : les seigneurs du royaume vous tueront et je ne vous servirai pas de garant. Je suis fâché que vous soyez venus ici. »

65 Après leur départ, les seigneurs du royaume se réunirent et délibérèrent sur le choix d'un roi. Vertigier, je l'ai dit, s'était concilié les faveurs de presque tout le monde. À l'unanimité ils lui accordèrent le trône. Assistaient à ce conseil deux hommes de bien qui avaient la garde des deux enfants survivants, Pandragon 70 et Uter, fils de Constant et jeunes frères du roi Moine. Lorsqu'ils apprirent que Vertigier serait roi, ils furent persuadés qu'il avait fait assassiner le roi Moine.

« Maintenant, se dirent-ils, que Vertigier a supprimé notre seigneur, dès qu'il sera roi, il fera aussi tuer les deux enfants qui sont 75 sous notre garde avant qu'ils ne soient en âge de revendiquer le royaume. »

---

1. *Les barons* : grands seigneurs qui conseillent le roi.
2. *Pays* : au sens de « région ».
3. *Avoir la haute main sur lui* : le dominer.

Les deux gardiens convinrent alors de s'enfuir et d'emmener les deux enfants en terre étrangère, en direction de l'Orient, vers le pays d'origine de leurs ancêtres.

80 Vertigier fut élu roi et les gens du royaume le reconnurent pour tel. Après son sacre, quand il fut le maître du pays, les assassins du roi Moine se présentèrent à lui. En leur présence Vertigier fit comme s'il ne les avait jamais vus. Alors ils l'accablèrent de reproches, lui rappelant qu'il leur devait le 85 trône, puisque c'étaient eux qui avaient supprimé le roi Moine. Entendant l'aveu de leur crime, Vertigier les fit arrêter.

« Vous avez vous-mêmes, dit-il, prononcé votre condamnation en avouant avoir mis à mort votre seigneur. Vous n'en aviez pas le droit ; vous me réserveriez le même sort, si vous le pouviez !

90 – Sire, dirent-ils, épouvantés par ces menaces, nous pensions avoir agi pour votre bien et nous avons cru que vous nous en aimeriez davantage.

– Je vais vous montrer comment on doit aimer les gens de votre espèce. »

95 Il les fit saisir tous les douze, attacher à douze chevaux, traîner et écarteler jusqu'à ce qu'ils soient complètement en pièces. À la suite de leur supplice, beaucoup de nobles vinrent trouver Vertigier.

« Tu nous as couverts de honte en faisant périr ainsi nos parents et nos amis d'une mort si ignominieuse. Jamais nous ne te servi-100 rons de bon cœur. »

Ce fut l'origine de leur hostilité, et en plusieurs occasions ils ne manquèrent pas de nuire à Vertigier.

[annotation manuscrite : résume : Vertiger n'est pas un bon roi et il veut construire un tour parce qu'il sais que les fils de Constant vont le tuer]

La tour

Vertigier gouverna longtemps le royaume. Après plusieurs campagnes contre les Saxons, il parvint enfin à les chasser du pays. Il se comporta alors si mal avec son peuple qu'on ne put

le supporter et on entra en rébellion contre lui. Craignant d'être
chassé du royaume, Vertigier envoya des messagers auprès des
Saxons pour leur proposer la paix et ses offres furent bien
accueillies.

Un Saxon très influent du nom d'Engis se mit longtemps au
service de Vertigier et le servit si bien qu'il le fit triompher des
rebelles. Les hostilités terminées, Engis réussit à lui faire épouser
une de ses filles. Les chrétiens en furent fort mécontents et plus
d'un soupçonna le roi d'avoir renié sa foi en épousant une femme
étrangère à la religion de Jésus-Christ[1]. Vertigier s'aperçut que
désormais il n'était plus aimé de ses sujets ; il savait aussi que les
fils de Constant, réfugiés en terre étrangère, reviendraient dès que
possible, que leur retour serait sans doute sa perte. Il eut donc
l'idée de faire bâtir une tour assez forte et assez haute pour ne
craindre personne. Il donna l'ordre d'apporter des matériaux, de
faire un four à chaux et il commença sans tarder la construction
de la tour.

Après trois semaines de travaux, de nuit et de jour, tout
s'écroula et cela se répéta plusieurs fois. Lorsqu'il vit que l'ouvrage ne pourrait tenir debout, outré, il déclara qu'il ne serait pas
satisfait avant d'en savoir la cause. Il fit convoquer tous les
savants de son royaume et, quand ils furent réunis, il les informa
de ce mystérieux effondrement de la tour en dépit de ses efforts.
Il leur demanda conseil. En apprenant ce fait peu banal et en
assistant sur place à l'écroulement, ils furent à leur tour frappés
de stupeur.

« Sire, dirent-ils, seuls des clercs[2] pourraient expliquer ce
phénomène : les clercs ont des connaissances que nous autres
n'avons pas, eux seuls peuvent satisfaire votre curiosité. Vous
devez leur en parler, si vous souhaitez avoir l'explication.

– Je pense, dit Vertigier, que vous avez raison. »

---

1. *Une femme étrangère à la religion de Jésus-Christ* : les Saxons sont
païens.
2. *Clercs* : hommes d'Église, ce sont les personnes instruites au Moyen Âge.

35 Il convoqua alors tous les clercs du royaume et les mit au courant du prodige. Ils en furent grandement étonnés. Le roi interrogea d'abord les plus importants.

«Sauriez-vous me dire, de vous-mêmes ou en faisant appel aux lumières d'autrui, pourquoi ma tour s'écroule ? Tous mes
40 efforts à la maintenir debout sont vains !

– Sire, répondirent-ils à la prière du roi, nous n'en savons rien, mais il en est peut-être qui le sauraient en recourant à un art appelé astronomie [1], le seul à pouvoir apporter une réponse.

– S'ils savent m'éclairer, je n'aurai rien à leur refuser. »
45 Les clercs alors se retirèrent en petit comité et se consultèrent pour savoir lequel d'entre eux était le plus versé en cet art. Deux se proposèrent.

«Nous sommes, dirent-ils, assez forts pour élucider certains points, mais d'autres sont encore plus savants.
50 – Mettez-vous en quête de vos confrères », dirent les seigneurs du royaume.

Les deux clercs se mirent en quête et trouvèrent sept astrologues plus savants que les autres. On les amena devant le roi qui leur demanda s'ils pensaient trouver pourquoi sa tour
55 s'écroulait. S'ils découvraient la cause, il leur donnerait tout ce qu'ils voudraient. Il renvoya l'assemblée des clercs, et seuls les sept restèrent avec lui. Il les pressa de parler.

«Que dites-vous de ma tour ? leur demanda-t-il. Ne me cachez rien.
60 – Sire, c'est une difficile question que vous nous posez. Il nous faut encore un délai de neuf jours.

– Je vous l'accorde, mais n'oubliez pas de m'apporter votre réponse au bout de ces neuf jours. »

Ils se réunirent alors pour en délibérer et s'interrogèrent entre
65 eux : «Que dites-vous de la requête du roi ? » Chacun posait la question aux autres, mais aucun ne voulait dévoiler ce qu'il savait.

---

1. *Astronomie* : autre nom de l'astrologie ; au Moyen Âge on ne fait pas la distinction entre les deux disciplines.

«Attention ! vous êtes tous perdus, dit le plus avisé d'entre eux. Dites-moi à l'oreille, chacun à tour de rôle, votre avis sur cette affaire et je ne le révélerai qu'avec la permission de tous. »

70 Ils en furent d'accord. Il prit alors chacun à part pour lui demander son opinion. Chacun avoua ne rien savoir au sujet de la tour, mais voir une chose extraordinaire : un enfant de sept ans conçu par une femme sans avoir pour père un être humain. Tous les six dirent la même chose.

75 «Revenez tous devant moi, dit le septième, après avoir reçu leur confidence.

– Vous m'avez tous avoué une chose, leur fit-il alors, et vous m'en avez caché une autre.

– Qu'avons-nous dit et qu'avons-nous caché ?

80 – Vous m'avez dit que vous ne saviez rien sur cette tour, mais vous avez vu un enfant conçu en une femme et qui n'avait pas pour père un être humain. Je vous dirai, moi, que vous avez également vu que vous deviez mourir à cause de cet enfant. Moi aussi je l'ai vu tout comme vous. Puisque nous voici renseignés, nous devons trouver

85 une solution pour échapper à la mort. Ne vous ai-je pas dit la vérité ?

– Vous avez parfaitement décrit ce que nous avons vu. Nous vous en supplions, préservez nos vies !

– Belle folie que de n'y pas songer ! Savez-vous ce que nous ferons ? Nous nous accorderons sur une réponse : nous dirons que

90 cette tour ne peut rester debout et ne le restera jamais, si l'on ne mêle pas du sang de cet enfant né sans père au mortier des fondations[1]. Si l'on y parvient, la tour tiendra et sera à jamais ferme et solide. Que chacun en fasse la confidence au roi, séparément, sans qu'il se doute de ce que nous avons vu : ainsi nous pourrons nous

95 préserver de la mort. Empêchons le roi de voir et d'entendre cet enfant. Que ceux qui le trouveront le tuent sur place et apportent son sang. »

---

1. On mettait souvent quelque chose de sacré dans les fondations d'un édifice pour le protéger, mais le rite est ici détourné puisque, en exigeant le sang de l'enfant, les clercs demandent qu'on le tue.

Ils concluent cet accord et, revenus devant le roi, déclarent qu'ils ne donneront pas leur réponse tous ensemble, mais chacun
100 séparément : ainsi pourra-t-il juger lequel aura le mieux parlé. Feignant d'ignorer la réponse des autres, chacun fait sa confidence au roi et à cinq de ses conseillers qui l'assistent. Lorsqu'ils apprennent cette étonnante révélation, ils en restent stupéfaits et conviennent que tout cela est peut-être possible, si toutefois un
105 homme peut naître sans avoir de père. Le roi qui tient en haute estime la sagesse de ses clercs les convoque tous ensemble.

« Vous m'avez apporté la même réponse chacun de votre côté, dit-il.

– Sire, dites-la-nous. »

110 Et le roi leur répète mot à mot leurs propos.

« Nous ne vous avons pas menti, nous sommes à vos ordres.

– Peut-on admettre qu'un homme naisse sans avoir de père ? demande le roi.

– Sire, c'est un cas unique, mais nous vous affirmons que cet
115 enfant est né ainsi et qu'il est dans sa septième année. »

Le roi dit qu'il leur assurera une bonne protection le temps d'aller chercher le sang de l'enfant.

« Sire, dirent-ils d'une seule voix, évitez de voir l'enfant et de lui parler. Donnez seulement l'ordre de le tuer et d'apporter son sang.
120 De cette manière votre tour tiendra. »

Le roi les enferma dans une forteresse, leur fournit à boire et à manger et subvint à leurs besoins. Il choisit des messagers et les envoya à travers tout le royaume. Il leur fit jurer sur les reliques [1] que ceux qui trouveraient l'enfant le tueraient et rapporteraient
125 son sang.

2 : ils veulent le sang de l'enfant San père (Merlin) pour construire la tour.

---

1. *Reliques* : restes (os ou vêtements) d'un saint.

À la recherche de l'enfant sans père

Vertigier envoya ainsi les messagers à la recherche de l'enfant. Ils parurent deux par deux, ils parcoururent maintes régions, maints pays. Deux groupes se rejoignirent et décidèrent de faire un peu de chemin ensemble. À cheval tous les quatre, ils
5 traversèrent un vaste champ aux portes d'une ville où de nombreux enfants jouaient à la choule[1]. Merlin, à qui rien n'échappait, remarqua ceux qui le cherchaient ; il s'approcha d'un des enfants les plus riches de la ville, sachant qu'il serait l'objet de son antipathie. Il haussa le bâton et en donna un coup
10 à la jambe de l'enfant qui se mit à pleurer, à injurier Merlin en lui reprochant de n'avoir pas de père.

Lorsque les messagers qui assistaient à la scène entendirent ce reproche, ils allèrent tous les quatre vers l'enfant en larmes.

« Qui est celui qui t'a frappé ? demandèrent-ils.
15 – C'est le fils d'une femme qui n'a jamais su qui était le père de son enfant, tout comme s'il n'en avait pas. »

Merlin l'entendit, s'approcha des messagers en riant.

« Je suis, leur dit-il, celui que vous cherchez et dont vous devez rapporter le sang au roi Vertigier.
20 – Qui t'a dit cela ? firent-ils, ébahis par ces propos.

– Je le sais parfaitement, depuis que vous l'avez juré.

– Viendras-tu avec nous, si nous t'emmenons ?

– Si vous me promettez de ne pas me tuer, je vous suivrai et je dirai pourquoi la tour ne peut tenir debout, puisque c'est la ques-
25 tion qui vous incite à me tuer.

---

1. *La choule* : ce jeu consiste à pousser une grosse balle avec le pied (ancêtre du football) ou avec un bâton recourbé (ancêtre du hockey).

– Cet enfant tient d'étranges propos, dirent-ils, stupéfaits de son langage. Ce serait une grave faute de le tuer.

– Venez jusqu'à la maison de ma mère, leur dit Merlin, car je ne puis vous suivre sans sa permission ni sans celle du prêtre qui 30 partage sa demeure.

– Nous irons où tu voudras. »

Merlin conduisit les messagers chez sa mère, dans un couvent de religieuses où elle vivait cloîtrée.

À son arrivée au couvent, Merlin demanda à ceux qui l'habi-35 taient de faire bon accueil aux messagers. Quand ils eurent mis pied à terre, il les mena auprès de Blaise.

« Voici, lui dit-il, ceux dont je t'ai annoncé la venue. Je vous prie, ajouta-t-il en s'adressant aux messagers, de confirmer en toute franchise à ce saint homme ce que je vais dire sur vos 40 intentions et soyez sûrs que, si vous mentez, je m'en apercevrai.

– Nous ne mentirons pas.

– Gardez-vous-en bien tous !

– Écoute maintenant, dit Merlin à Blaise, ce que ces hommes vont te confesser. Vous appartenez, reprit-il, à un roi appelé 45 Vertigier. Ce roi veut bâtir une tour, mais quand elle a atteint trois ou quatre toises [1] de hauteur, elle ne parvient pas à tenir debout et tout l'ouvrage s'écroule en une heure. Le roi en a été si contrarié qu'il a fait appel aux clercs. Sept d'entre eux ont prétendu l'éclairer sur la cause de ce fait et lui indiquer le moyen de consolider la 50 tour. Ils ont eu recours à leurs sortilèges, mais ne sont pas arrivés à percer le mystère ; ils ont appris en revanche mon existence. Pensant que je pouvais leur nuire, ils ont été d'accord pour me tuer, alléguant que la tour tiendrait si l'on y mettait du sang de l'enfant sans père. Impressionné par leur réponse, Vertigier y 55 ajouta foi. Ils ont obtenu du roi qu'on se mette à ma recherche jusqu'à ce qu'on m'ait trouvé et qu'on lui apporte mon sang pour

---

1. La toise est une ancienne mesure de longueur valant six pieds (environ deux mètres).

le mélanger au mortier de la tour en affirmant par un pur mensonge qu'ainsi elle tiendrait. Or ce n'était pas la solution ! Et comme je savais que ces messagers étaient à ma recherche, j'ai
60 frappé un des enfants, sûr qu'il m'abreuverait d'injures et me reprocherait de n'avoir pas de père. Je l'ai fait exprès pour me faire connaître de ces hommes, ce qui a réussi. Blaise, mon maître cher, demandez-leur si ce que je dis est vrai. »

Et Blaise leur pose la question.

65 « Avez-vous bien entendu le récit de Merlin ?

– Il ne vous a pas menti d'un seul mot.

– Il sera, dit maître Blaise en se signant, d'une profonde sagesse, si Dieu lui prête vie, et ce serait un grand malheur de le tuer.

70 – Seigneur, plutôt être parjures à jamais et nous voir dépouillés de nos biens par le roi ! Mais cet enfant, qui sait tout, sait bien que nous n'en avons pas l'intention. »

On l'appelle, car il s'était retiré pour les laisser s'entretenir entre eux.

75 « Ils ont reconnu, dit Blaise, la véracité de ton récit, mais ils m'ont prié de te poser une autre question : ont-ils l'intention de te tuer ?

– Je sais sans aucun doute, dit Merlin en riant, Dieu merci et merci à eux, qu'ils n'en ont pas envie.

80 – C'est exact, répondent les messagers. Viendrez-vous avec nous ?

– Oui sans hésitation, si vous me donnez votre parole que vous me mènerez devant le roi et ne me laisserez faire aucun mal avant que je lui aie parlé en toute sécurité. »

85 Ils le lui promettent.

« Je vois que tu veux me quitter, dit Blaise. Alors dis-moi ce que tu veux que je fasse de l'ouvrage que j'ai entrepris à ta demande.

– Je vais te répondre franchement. Avec raison et justice Notre-Seigneur m'a doté de tant de sagesse et d'intelligence que
90 le diable qui croyait m'avoir à sa dévotion m'a perdu et Dieu m'a

choisi pour un service que moi seul puis assurer, puisque personne n'a les connaissances que j'ai. Je sais que je dois aller au pays d'où ces gens sont venus. J'agirai et je parlerai de façon à être cru. Tu y viendras à ton tour pour achever l'œuvre que tu as commencée, mais tu ne resteras pas en ma compagnie, tu iras de ton côté et tu t'enquerras d'un pays appelé Northumberland[1]; c'est un pays plein d'immenses forêts, mal connues de ses habitants eux-mêmes, car il y a des régions encore inexplorées. Tu vivras là, j'irai te trouver et je te raconterai tout ce qui est utile de connaître pour poursuivre ton œuvre. Ta tâche sera rude, mais tu recevras une magnifique récompense. Sais-tu laquelle ? On lira, on écoutera ton livre avec plaisir et à jamais, jusqu'à la fin du monde. Apprends, afin que tu en aies la certitude, que Dieu m'a permis de faire œuvrer les hommes et les femmes de bien pour préparer l'avènement d'un homme issu de ce lignage tant aimé de Dieu. Ce grand travail ne s'accomplira pas avant le temps du quatrième roi, lequel se nommera Arthur. Tu vas t'en aller où je t'ai dit, je te rendrai souvent visite et te rapporterai ce que je veux te voir consigner dans ton livre. Sache que le récit d'aucune existence humaine ne sera plus volontiers écouté, des fous comme des sages, que celle du roi appelé Arthur. »

Ainsi parla Merlin à son maître et lui apprit ce qu'il devait faire. Merlin l'appelait maître, parce qu'il avait été le directeur de conscience de sa mère.

« Tout ce que tu me commanderas, répondit le saint homme heureux de ce qu'il venait d'entendre, je le ferai dans la mesure de mes moyens. »

Merlin prit ainsi ses dispositions, puis se tourna vers les messagers venus le chercher.

« Suivez-moi, dit-il, je désire que vous assistiez aux adieux à ma mère.

---

1. _Northumberland_ : région du nord de l'Angleterre, à la frontière de l'Écosse. Voir sur la carte, p. 16.

– Chère mère, dit-il, lorsqu'ils furent devant elle, on est venu me chercher d'un royaume étranger et d'un lointain pays. Je ne m'en irai qu'avec votre permission. Blaise, votre maître, s'en ira
125 lui aussi. Nous devons nous séparer.

– Cher fils, dit-elle, à la garde de Dieu. Je n'ai pas assez de sagesse pour vous retenir, mais, s'il vous plaît, j'aimerais que Blaise reste.

– Ce n'est pas possible », répondit Merlin.

Il prit donc congé de sa mère et partit avec les messagers.
130 Quant à Blaise, il partit de son côté et gagna le Northumberland, comme Merlin lui en avait donné l'ordre.

Le pèlerin et l'enfant mort

Merlin chevaucha avec les messagers jusqu'à une ville où se tenait un marché. Après l'avoir traversée, ils trouvent un paysan qui avait acheté de solides souliers et qui emportait du cuir pour les réparer quand ils seraient en mauvais état, car il voulait aller
5 en pèlerinage. Merlin s'approche de lui et se met à rire. Les messagers qui l'accompagnaient lui en demandent la raison.

« C'est à cause du paysan que voici ! Demandez-lui ce qu'il veut faire du cuir qu'il emporte, il vous répondra que c'est pour réparer ses souliers. Suivez-le, je vous affirme qu'il mourra avant de rentrer
10 chez lui.

– Nous verrons bien si c'est vrai », disent-ils étonnés par cette prédiction.

Ils rejoignent le paysan et lui demandent ce qu'il compte faire de ces souliers et de ce cuir. Il leur répond qu'il veut aller en
15 pèlerinage avec ce qu'il faut pour réparer ses souliers. En entendant dans la bouche du bonhomme les paroles mêmes de Merlin, ils en sont pantois [1].

---

1. Pantois : stupéfaits.

« Cet homme, font-ils, semble en parfaite santé. Deux d'entre nous vont le suivre ; que les deux autres poursuivent leur chemin 20 et nous attendent là où ils prendront gîte pour la nuit. Il serait intéressant de savoir la suite de cette affaire. »

Les deux qui suivent le paysan n'ont pas fait plus d'une lieue [1] qu'ils le voient tomber mort, ses souliers sous le bras. Après avoir constaté qu'il était bien mort, ils s'en retournent pour rejoindre 25 leurs compagnons et leur racontent le spectacle peu banal auquel ils avaient assisté.

« Les clercs, disent les uns, ont été fous de nous ordonner de tuer un enfant si sage ! »

Les autres ajoutent qu'ils préfèrent mettre en péril leur per- 30 sonne plutôt que de tuer l'enfant. Ils se disent tout cela entre eux, persuadés que Merlin n'en sait rien ; mais lorsqu'ils sont en sa présence, Merlin les remercie de ce qu'ils ont dit.

« Qu'avons-nous dit pour mériter ces remerciements ? »

Et il leur répète les propos qu'ils avaient tenus.

35 Un jour qu'au cours de leur voyage ils traversaient une ville, on portait en terre un enfant. Des hommes et des femmes en larmes suivaient le corps. Lorsque Merlin vit l'affliction de la famille et entendit les prêtres et les clercs qui chantaient, il s'arrêta et se mit à rire. Ceux qui l'emmenaient lui en demandèrent la raison.

40 « Je ris de ce que je vois en ce moment et qui est surprenant ! »

Ils le prièrent de s'expliquer.

« Voyez-vous cet homme qui manifeste un tel désespoir ?

– Oui, assurément.

– Et voyez-vous ce prêtre qui chante en tête du cortège ? C'est 45 lui qui devrait être désespéré à la place de l'homme ; sachez que l'enfant défunt est son fils. Celui qui n'a aucun lien de parenté avec l'enfant se désole et celui qui en est le père chante. Ce n'est pas ordinaire, il me semble !

– Comment en êtes-vous sûr ? demandent les messagers.

---

1. *Une lieue* : ancienne mesure de distance valant environ quatre kilomètres.

50 – Je vais vous le dire : allez trouver la mère, demandez-lui pourquoi son mari est si désespéré, elle vous dira que c'est à cause de la
mort de son fils. Rétorquez-lui : "Nous sommes au courant aussi
bien que vous : l'enfant n'est pas son fils, il est le fils du prêtre qui
a si bien chanté." »

55 Deux des messagers allèrent trouver la femme et, d'après les
indications fournies par Merlin, lui posèrent les questions qu'il
avait suggérées. La femme fut alors épouvantée.

«Chers seigneurs, par Dieu, pitié ! Oui, je sais, je ne vous
cacherai rien, je vous avouerai tout, car vous avez l'air de gens
60 très posés. Oui, c'est comme vous l'avez dit, mais par Dieu, n'en
dites rien à mon mari, il me tuerait. »

Ils vinrent raconter cette chose incroyable aux deux autres et
tous les quatre reconnurent qu'il n'y avait pas au monde un pareil
devin.

65 Ayant poursuivi leur route, ils n'étaient plus qu'à une journée
de la résidence de Vertigier.

«Apprends-nous ce que tu désires que nous disions à notre
maître car il nous reprochera de ne pas t'avoir mis à mort. »

Ces réflexions prouvèrent à Merlin qu'ils ne voulaient que
70 son bien.

«Faites comme je vous l'indiquerai et vous ne serez l'objet
d'aucun blâme.

– Vous n'avez qu'à commander.

– Allez chez Vertigier, dites-lui que vous m'avez trouvé et
75 rapportez-lui fidèlement tous mes propos. Dites-lui que je lui
ferai savoir pourquoi sa tour ne peut tenir, à condition qu'il
fasse subir à ceux qui m'ont condamné à mourir le sort qu'ils
me réservaient. »

Les messagers arrivèrent chez Vertigier à la tombée de la
80 nuit. Il fut heureux de les revoir.

«Comment avez-vous mené mon affaire ?

– Le mieux possible. »

Ils le prennent à part, lui racontent comment ils ont trouvé Merlin qui aurait échappé à leurs recherches, s'il l'avait voulu, 85 « mais, disent-ils, il est venu volontairement jusqu'à nous ».

« Qui est ce Merlin dont vous me parlez ? dit le roi. Ne deviez-vous pas aller chercher l'enfant sans père ? et ne deviez-vous pas me rapporter son sang ?

– Sire, c'est justement ce Merlin dont nous vous parlons et 90 sachez que c'est l'être le plus sage, le plus fort devin que l'on vit jamais, Dieu excepté. Sire, il vous dira pourquoi les clercs ignorent les raisons de la chute de votre tour. Si vous y tenez, nous le tuerons là où il est, car deux de nos compagnons sont avec lui pour le garder.

95 – Si vous me garantissez sur votre vie qu'il m'expliquera pourquoi ma tour s'écroule, je défends qu'on le mette à mort.

– Nous nous en portons garants.

– Allez le cherchez, je consens volontiers à lui parler. »

Quand Merlin fut en présence de Vertigier, il le salua et lui 100 dit :

« Vertigier, je ne vous parlerai pas en public. »

Il le prit à part avec les messagers.

« Sire, dit Merlin quand ils furent tous réunis à l'écart, vous vous êtes mis à ma recherche à cause de votre tour qui s'écroule, 105 sur les conseils de vos clercs qui assuraient qu'elle ne pouvait tenir qu'avec mon sang. Et vous avez donné l'ordre de me tuer. Eh bien, ils vous ont menti. Si vous me promettez de leur faire subir le sort qu'ils me destinaient, je vous expliquerai pourquoi elle s'effondre et je vous dirai comment y remédier.

110 – Si tu m'éclaires comme tu le dis, je ferai de ces astrologues ce que tu voudras.

– Faisons-les comparaître, je leur demanderai pourquoi la tour s'écroule et vous entendrez qu'ils en ignorent la raison. »

Le roi conduisit Merlin jusqu'à l'emplacement de la tour. 115 Convoqués, les clercs se présentèrent. Merlin pria alors un des messagers de leur poser la question.

«Maîtres clercs, pourquoi d'après vous cet ouvrage s'écroule-t-il ?

– Nous n'en savons rien, mais nous avons indiqué au roi le
120 moyen de la faire tenir.

– Vous m'avez plus que surpris, répondit le roi, en me propo-
sant de rechercher un enfant né sans père. Je ne sais ni où ni
comment le trouver.

– Maîtres clercs, leur dit Merlin, vous prenez le roi pour un
125 fou ! En l'incitant à rechercher l'enfant sans père, vous n'avez pas
pensé à son intérêt, mais au vôtre. Vous avez découvert dans vos
sortilèges que l'enfant sans père devait vous faire mourir et, pris
de frayeur, vous avez fait croire au roi que la tour ne s'écroulerait
plus si on tuait l'enfant et si l'on mêlait son sang aux fondations. »

130 Devant les stupéfiantes révélations de l'enfant, les clercs com-
prirent que leur mort était certaine.

«Dit-il vrai ? demande le roi.

– Sire, que Dieu nous absolve de nos péchés, c'est la pure
vérité, mais nous ignorons de qui il tient une si prodigieuse
135 connaissance. Nous vous supplions, puisque vous êtes notre seigneur, de nous laisser en vie jusqu'à ce que nous voyions si ce
qu'il dit de cette tour est exact et s'il la fera tenir debout.

– Soyez tranquilles, dit Merlin, vous ne mourrez pas avant
d'avoir vu pourquoi elle s'écroule. »

140 Ils l'en remercièrent.

Les deux dragons

Merlin expliqua à Vertigier :

«Il y a sous cette terre une grande nappe d'eau dormante et,
sous cette eau, deux dragons aveugles. L'un est roux et l'autre
blanc ; ils sont sous deux rochers, ils sont énormes et connaissent
5 chacun l'existence de l'autre. Quand ils sentent le poids de l'eau

sur eux, ils se retournent avec un tel fracas que tout ce qui est au-dessus chavire : ce sont eux qui font s'écrouler la tour.

– Si ce que tu me dis est vrai, fait le roi, tu es l'homme le plus sage du monde. Apprends-moi comment faire déblayer la terre.

10 – Avec des chevaux, des charrettes et des hommes qui dégageront les décombres. »

Le roi fit mettre à l'œuvre les ouvriers et se procura tout ce qu'il fallait pour mener à bien cette besogne ; mais les gens du pays estimèrent cette entreprise insensée, malgré leur déférence[1]

15 pour Vertigier. Merlin fit mettre les clercs sous bonne garde. On travailla longtemps au déblaiement pour trouver enfin l'eau. On en informa le roi. Il vint tout joyeux voir cette merveille en compagnie de Merlin. Arrivé là, il contempla l'eau vaste et profonde et appela deux de ses conseillers.

20 « L'homme qui connaissait l'existence de cette nappe d'eau sous la terre et affirmait qu'il y avait dessous deux dragons possède une grande sagesse. Je ne regarderai pas aux frais pour exécuter ses ordres jusqu'à ce que je les trouve. Tu ne t'es pas trompé pour cette eau, dit-il en se tournant vers Merlin, mais as-

25 tu raison pour les dragons ?

– Vous ne le saurez qu'en les voyant.

– Mais comment faire évacuer cette eau ?

– Nous la ferons s'écouler par de larges fossés loin d'ici, jusqu'au milieu des champs. »

30 On se mit à creuser les fossés et l'eau s'écoula.

« Convoquez les grands personnages du royaume, dit Merlin, afin qu'ils assistent à la bataille, car elle sera lourde de signification pour qui saura la déchiffrer. »

Vertigier accepta volontiers de les convoquer et il lança dans tout

35 le royaume un appel à ses sujets, aux clercs comme aux laïcs. Quand ils se furent tous rassemblés, Vertigier leur fit savoir les révélations de Merlin ainsi que le prochain combat des deux dragons.

---

1. Déférence : respect.

« Ce sera un beau spectacle », se disaient-ils entre eux.

On évacua l'eau et on vit les deux rochers qui étaient au fond.

40 « Voyez-vous ces deux blocs de pierre ? dit Merlin.

– Oui.

– Dessous se trouvent les deux dragons.

– Comment les tirer de là ? demande le roi.

– Aucune difficulté, dit Merlin. Ils ne bougeront pas tant qu'ils
45 ne sentiront pas leur présence, mais dès qu'ils se flaireront, ils
combattront jusqu'à la mort de l'un d'eux.

– Me diras-tu lequel sera vaincu ? demande Vertigier.

– Je vous dirai volontiers ce que j'en sais, en privé, en
présence de quatre de vos amis. »

50 Vertigier appelle alors quatre de ses familiers en qui il avait le
plus confiance et leur répète les paroles de Merlin. Ils l'engagent à
lui demander quel sera le vaincu, afin qu'il le sache avant de voir
la bataille.

« Vous avez raison, dit Vertigier, je suis bien d'accord, car
55 après la bataille il nous raconterait ce qu'il voudrait. »

On appela Merlin, et Vertigier le pria de lui dire lequel des
deux dragons aurait le dessous.

« Ces quatre hommes, dit Merlin, sont-ils de vos familiers ?

– Oui, plus que toute autre personne.

60 – Alors, je puis répondre devant eux à votre question ?

– Assurément.

– Sachez que le dragon blanc tuera le roux, mais qu'il aura
grand mal au début. Je ne vous en dirai pas davantage avant la
fin de la bataille. »

65 Les gens s'attroupèrent devant les deux blocs de pierre, les
soulevèrent et découvrirent le dragon blanc. En le voyant si
énorme, si farouche et si hideux, ils reculèrent d'effroi. Ils allèrent
à l'autre et le dégagèrent. Ils furent encore plus épouvantés, car il
était plus féroce, plus hardi, plus hideux, plus redoutable que
70 l'autre, et Vertigier pensa qu'il avait des chances d'être le vainqueur.

« À présent mes garants [1] doivent être libérés, dit Merlin.

– Ils le sont », répondit Vertigier.

Les dragons s'approchèrent si près l'un de l'autre qu'ils se flai-
raient les croupes et, dès que l'un eut reniflé l'autre, ils s'affrontèrent
en se prenant par les crocs et par les pattes. Vous n'avez jamais
entendu parler de deux bêtes se battant aussi férocement tout le jour,
toute la nuit et encore le lendemain jusqu'à midi. Tous les spectateurs
pensaient que le roux tuerait le blanc, lorsque soudain, des naseaux
du blanc jaillirent feu et flammes qui brûlèrent le roux. Quand celui-ci
fut mort, le blanc se retira, se coucha et ne survécut que trois jours.

Ceux qui avaient assisté à cette extraordinaire bataille
avouèrent qu'on n'en avait jamais vu de pareille.

« Vous pouvez maintenant, dit Merlin à Vertigier, bâtir une
tour aussi haute que vous voudrez ; si imposante qu'elle soit, elle
ne tombera pas. »

Vertigier ordonna aux ouvriers de se mettre au travail et fit
construire la tour la plus haute et la plus solide possible. Plus
d'une fois il demanda à Merlin de lui expliquer comment le
blanc avait pu tuer le roux, alors que le roux avait eu si longtemps l'avantage.

« C'est, répondit Merlin, le symbole des événements passés et à
venir. Si vous accédez à ma demande, si vous me donnez l'assurance de ne pas me faire de mal et de ne laisser personne m'en faire
dans votre royaume, je vous dévoilerai le sens de ces signes. »

Vertigier s'engagea à lui donner toutes les assurances souhai-
tables.

« Allez, dit Merlin, réunissez votre conseil, faites-moi venir les
clercs qui ont pratiqué leurs sortilèges à propos de la tour et qui
avaient décidé ma mort. »

Quand le conseil et les clercs furent réunis, Merlin s'adressa à
ces derniers.

---

1. *Mes garants* : des amis de Merlin se sont portés volontairement otages
comme garants de sa parole.

«Insensés et ignobles que vous êtes, vous avez échoué dans votre entreprise à interroger les éléments. Vous n'avez rien vu de
105 ce qu'on vous demandait, incapables que vous êtes! Mais vous avez plus facilement découvert que j'étais né. Celui qui vous a révélé mon existence et qui vous a fait croire que vous mourriez à cause de moi a agi par dépit de m'avoir perdu : il souhaitait seulement ma mort. Mais mon Seigneur me protégera de sa ruse,
110 si c'est sa volonté. Je dénoncerai le mensonge du Malin[1] et je vous éviterai la mort, si vous voulez me faire une promesse. »

En entendant qu'ils échapperaient à la mort, ils furent soulagés.

«Nous ferons, dirent-ils, tout ce que tu nous commanderas, car nous voyons bien que tu es l'homme le plus sage du monde.

115 – Promettez-moi, dit Merlin, de ne plus jamais pratiquer cet art et, pour l'avoir fait, je vous ordonne de vous confesser. Dites-vous bien que la confession n'est pas valable sans renoncement au péché et sans repentir. Si vous m'en donnez votre parole, je vous laisserai partir. »

120 Ils le remercièrent, promirent d'observer scrupuleusement ses recommandations et lui en témoignèrent de la reconnaissance pour sa généreuse conduite.

Vertigier et ses conseillers vinrent de nouveau le trouver.

«Nous te tenons pour l'homme le plus sage que nous avons
125 jamais vu et nous te prions de nous dire ce que signifient les dragons, demanda le roi.

– Le roux, répondit Merlin, c'est toi et le blanc est la descendance de Constant. »

L'explication remplit de honte Vertigier et Merlin s'en aperçut.

130 «Si vous voulez, et si vous ne vous en offusquez pas, je vous éclairerai à ce sujet.

– Tous les hommes que voici sont mes conseillers, je désire que tu dévoiles clairement ce que cela signifie et que tu ne m'épargnes en rien.

---

1. *Le Malin* : le diable.

135 – Vous n'ignorez pas que les fils de Constant sont restés sans père après sa mort et que, si vous aviez fait votre devoir, vous auriez dû les protéger, les conseiller, les défendre contre le monde entier. Quand les sujets du royaume sont venus vous trouver pour dire qu'il leur fallait un roi et vous ont prié de l'être, vous leur avez
140 traîtreusement répondu que vous ne pouviez pas le devenir tant que le roi Moine serait en vie. Ils le tuèrent et, le meurtre accompli, restaient deux autres fils qui ont eu peur de vous et qui ont pris la fuite. Vous êtes devenu roi et vous êtes encore maître de leur héritage. Vous avez construit votre tour pour garantir votre per-
145 sonne de vos ennemis, mais elle ne peut vous sauver, quand vous vous y refusez vous-même. »

Attentif aux propos de Merlin, Vertigier sut qu'il lui disait la vérité.

« Je vois et j'ai la preuve que tu es l'homme le plus sage du
150 monde. Je te supplie de me conseiller en cette situation et de me dire, si tu le sais et si tu le veux bien, de quelle mort je mourrai.

– Eh bien, dit Merlin, apprenez que le grand dragon roux représente vos mauvaises intentions et vos folles pensées. Sa taille et sa corpulence sont l'image de votre puissance ; le blanc
155 représente les enfants, héritiers du trône, qui ont pris la fuite par crainte de votre justice. Leur long combat veut dire que vous avez été trop longtemps le maître du royaume. Vous avez vu que le blanc brûlait le roux, ce qui signifie que les enfants vous détruiront par le feu. N'allez pas croire que la tour que vous avez bâtie ou une
160 autre forteresse vous mettront à l'abri de cette sorte de mort. »

Ces prédictions remplirent Vertigier d'épouvante ; il demanda à Merlin où étaient les enfants.

« Ils sont en mer, dit Merlin, ils ont réuni de grandes forces avec tout l'équipement nécessaire et regagnent leur pays pour faire justice
165 de vous : ils vous accusent, à juste titre, d'avoir fait périr leur frère. Sachez qu'ils arriveront d'ici trois mois au port de Wincester[1]. »

---

1. **Wincester** : ville du sud-ouest de l'Angleterre ; ce n'est pas un port mais Robert de Boron ignore la géographie de l'Angleterre.

Ces nouvelles atterrèrent Vertigier, certain que le débarquement était imminent.

« Peut-il en être autrement ? demanda-t-il à Merlin.

170 – Non, inévitablement vous mourrez du feu des enfants de Constant, tout comme vous avez vu le dragon blanc détruire le roux par le feu. »

C'est ainsi que Merlin expliqua à Vertigier la signification des dragons.

Le retour de Uter et Pandragon

Averti que les enfants de Constant venaient avec d'importantes forces, Vertigier convoqua ses troupes pour la date indiquée par Merlin, afin de les affronter au bord de la mer. Il les conduisit donc à Wincester où ses adversaires devaient aborder. Les hommes de
5 Vertigier ignoraient pourquoi ils étaient là, sauf ceux qui avaient assisté à l'entretien du roi avec Merlin. Merlin lui-même n'était pas présent, car tout de suite après ses révélations sur la tour et sur la signification des dragons, il avait pris congé et s'en était allé en déclarant qu'il avait bien rempli sa mission.

10 Il se retira en Northumberland auprès de Blaise et lui raconta tous ces événements. Blaise les consigna dans son livre grâce auquel nous en avons aujourd'hui connaissance. Merlin demeura là longtemps, jusqu'au jour où les fils de Constant vinrent le chercher.

15 Avec toutes ses forces Vertigier attendait au port le jour indiqué par Merlin et, à la date même qu'il avait fixée, les habitants de Wincester virent apparaître sur la mer les voiles et les vaisseaux de la redoutable flotte conduite par les fils de Constant. Lorsque Vertigier les aperçut, il fit armer ses gens, mettre le port en état de
20 défense. Quand ses troupes sur la terre ferme reconnurent les

gonfanons[1] royaux, elles furent saisies d'étonnement. Bientôt accosta le premier navire, monté par les fils de Constant.

« À qui appartiennent ce navire et cette flotte ? demandèrent les hommes massés sur le rivage.

25 – À Pandragon et à Uter, répondirent les hommes de l'équipage, aux enfants de Constant qui rentrent dans leur royaume que Vertigier, le traître déloyal, leur a volé depuis longtemps, lui qui a fait assassiner leur frère. Ils viennent en tirer vengeance. »

30 Ceux qui occupaient le port apprirent que c'étaient les fils de leur seigneur à la tête de nombreuses troupes. Ils se rendirent compte que la force était de leur côté et que, s'ils engageaient le combat contre eux, il pourrait leur en coûter cher. C'est pourquoi beaucoup se rangèrent au parti de Uter et Pandragon. Les navires 35 abordèrent. Une fois à quai, les chevaliers débarquèrent ainsi que le reste des troupes. De là ils marchèrent sur la forteresse où Vertigier et ses partisans s'étaient réfugiés et l'attaquèrent avec vigueur. Dans un ultime assaut, pour en finir, Pandragon mit le feu à la forteresse ; l'incendie surprit les assiégés, beaucoup furent 40 brûlés vifs et Vertigier périt dans les flammes.

C'est ainsi que les enfants se rendirent maîtres du pays et publièrent dans toute la région et dans tout le royaume qu'ils étaient revenus. La nouvelle suscita l'enthousiasme du peuple ; on vint au devant d'eux, on les reçut comme des seigneurs. Les 45 deux frères recouvrèrent leur héritage et on fit roi Pandragon. Ce fut un prince bon et loyal.

Les Saxons qu'avait attirés Vertigier gardèrent leurs châteaux qui étaient en bon état de défense et harcelaient sans cesse Pandragon et les chrétiens ; ils avaient tantôt le dessus, tantôt le 50 dessous. Pandragon alla alors mettre le siège devant le château d'Engis, et ce siège dura plus d'un an. Entouré d'un conseil où siégeaient plusieurs grands seigneurs, Pandragon examina avec

---

1. Gonfanons : étendards.

eux les moyens d'en finir avec l'adversaire. Certains d'entre eux, qui avaient fait partie du conseil de Vertigier, avaient entendu les
55 prédictions que Merlin lui avait faites sur sa mort et sur le retour des enfants. Ils prirent à part Pandragon et son frère Uter, les informèrent de ces révélations inouïes, ajoutant qu'il était le meilleur devin qu'on ait jamais vu et que, s'il voulait, il leur dirait comment prendre ce château.

60   « Où trouver ce si parfait devin ? dit Pandragon très surpris de leur confidence.

– Nous ne savons pas au juste en quel endroit, mais il sait quand on parle de lui : il se trouve en ce pays et, s'il le veut bien, il viendra sans difficulté.

65   – S'il y est, dit Pandragon, je me charge de le trouver. »

Il manda ses messagers et les envoya un peu partout à la recherche de Merlin.

En quête de Merlin

Merlin n'ignorait pas que le roi s'était mis à sa recherche sans délai. Après avoir parlé à Blaise, il se rendit là où il était sûr de pouvoir rencontrer les messagers. Il entra dans la ville où ils se trouvaient, sous les traits d'un bûcheron, une grosse cognée au
5 cou, chaussé de gros souliers, vêtu d'une courte tunique en lambeaux, les cheveux longs et ébouriffés, une longue barbe : il avait tout à fait l'air d'un homme sauvage. Il pénétra dans la maison où ils étaient hébergés. En le voyant, ceux-ci le regardèrent avec surprise.

10   « Voilà, se dirent-ils entre eux, un homme peu engageant !

– Vous ne faites pas bien la besogne de votre maître qui vous a donné l'ordre d'aller chercher le devin nommé Merlin, leur dit-il en s'approchant d'eux.

– Qui diable a renseigné ce rustre et de quoi se mêle-t-il ?

15 – Si j'avais été chargé de le rechercher, répondit-il, je l'aurais plus vite trouvé que vous. »

Ils l'entourent alors et lui demandent s'il savait où il était et si par hasard il l'avait vu.

« Je l'ai vu, je connais sa demeure, mais vous ne le trouverez 20 pas sans son consentement. Il m'a recommandé de vous dire que vous perdez votre temps à le rechercher, car si vous le trouviez, il ne vous suivrait pas. Dites à ceux qui ont affirmé à votre maître que le bon devin était en ce pays qu'ils ne lui ont pas menti, mais personne ne pourra le trouver même en fouillant la ville et les bois. 25 Il faut que le roi lui-même y vienne. Quand vous serez de retour, dites-lui aussi qu'il ne prendra pas ce château qu'il assiège avant la mort d'Engis. »

Cet avertissement une fois donné aux messagers, Merlin disparaît.

30 « Nous avons parlé à un diable, disent-ils en se signant. Qu'allons-nous faire après ce qu'il nous a dit ?

– Partons et allons raconter à notre maître tout ce que nous avons vu et entendu d'inouï. »

Ils gagnèrent par étapes le camp où était le roi.

35 « Avez-vous trouvé, demanda-t-il en les voyant, celui que vous êtes allés chercher ?

– Nous allons vous dire, sire, ce qui nous est arrivé. Réunissez votre conseil et ceux qui vous ont fait connaître ce devin. »

Le roi convoqua ses conseillers. Les messagers leur racontent 40 leur étrange aventure, leur rapportent les propos du rustre. Ceux qui avaient poussé à rechercher Merlin se demandent avec perplexité qui pouvait être ce vieil homme si laid et si repoussant dont ils parlaient, ignorant que Merlin pouvait prendre une autre forme que la sienne. Ils se doutent néanmoins que nul autre que 45 lui n'était capable de fournir ces renseignements.

« Nous pensons, dirent-ils au roi, que c'est Merlin en personne qui a parlé à vos messagers : lui seul s'est risqué à annoncer la mort d'Engis. Demandons aux messagers dans quelle ville ils ont trouvé cette créature.

50 — Nous l'avons trouvée en Northumberland, il est même venu là où nous logions. »

On reconnut d'un commun accord que c'était Merlin. Il souhaitait, ajoutèrent les messagers, que le roi lui-même vienne le chercher. Pandragon décida de confier la poursuite du siège à
55 son frère Uter pour aller en Northumberland et fouiller les forêts qu'on lui avait indiquées.

Il prépara son voyage et se mit en route pour le Northumberland. Il s'enquit de Merlin, mais ne rencontra personne qui puisse le renseigner ; il décida alors d'aller à sa recherche à travers les
60 forêts. Tandis qu'il les parcourait, un de ses compagnons se trouva en présence d'un grand troupeau de bêtes et d'un homme fort laid et fort hideux qui les gardait. Il lui demanda :

« Pourrais-tu me renseigner sur Merlin ?

— Non, mais j'ai vu hier quelqu'un qui m'a dit que le roi
65 viendrait aujourd'hui le chercher en ces forêts. Est-il venu ? Qu'en est-il ?

— Il est vrai, le roi est à sa recherche. Saurais-tu me dire où est cet homme ?

— C'est au roi que je parlerai, pas à vous.

70 — Eh bien, je te mènerai auprès du roi.

— Mes bêtes seraient alors bien mal gardées ! S'il venait jusqu'à moi, je le renseignerais volontiers sur celui qu'il recherche.

— Je te l'amènerai », dit l'autre. Il le quitte, finit par trouver le roi et lui conte sa rencontre.

75 « Mène-moi jusqu'à lui », dit le roi.

Il le conduit à l'endroit où il avait trouvé l'inconnu.

« Voici, lui dit-il, le roi que je t'amène. Dis-lui ce que tu ne veux dire qu'à lui.

— Sire, répond l'inconnu, je sais que vous recherchez Merlin,
80 mais vous ne le trouverez pas avant qu'il y consente. Allez près

d'ici à l'une de vos bonnes villes [1] ; il viendra jusqu'à vous, quand il saura que vous l'attendez.

– Comment savoir, dit le roi, si tu me dis la vérité ?

– Si vous ne me croyez pas, n'en faites rien, car c'est folie de
85 croire un mauvais conseil.

– Tu reconnais donc que ton conseil est mauvais !

– Non, mais c'est vous qui le dites. Sachez que mon conseil sur cette affaire vaut mieux que vous ne le pensez. »

Le roi se rendit alors dans une de ses villes, la plus proche de la
90 forêt et, tandis qu'il y séjournait, un homme vint le trouver dans sa demeure, bien vêtu et bien chaussé.

« Qu'on me conduise devant le roi », demanda-t-il.

On l'y conduisit.

« Sire, dit-il quand il fut en sa présence, Merlin m'envoie auprès
95 de vous et vous fait savoir que le gardien des bêtes n'était autre que lui. Il vous a fait dire, et vous en avez la preuve, qu'il viendrait à vous quand il lui plairait. Il ne vous a pas menti. Quand vous aurez réellement besoin de lui, il se présentera volontiers à vous.

– Mais j'ai toujours besoin de lui ! Et il n'est personne que je
100 n'aie si grande envie de voir.

– Dans ces conditions il vous annonce par ma bouche de bonnes nouvelles : Engis est mort, votre frère Uter l'a tué.

– Est-ce possible ? répond le roi au comble de la surprise.

– Je n'en dis pas davantage, mais c'est insensé de ne pas le
105 croire jusqu'à preuve du contraire. Envoyez un messager pour le vérifier.

– Fort bien », dit le roi.

Il envoie deux messagers sur les meilleurs chevaux qu'il possédait et leur ordonne de faire diligence à l'aller et au retour
110 pour savoir si Engis est vraiment mort. Ils partent et chevauchent à bride abattue. Après une nuit de voyage, ils rencontrent les

---

1. Bonnes villes : au Moyen Âge, certaines villes sont indépendantes, mais d'autres appartiennent au roi : on les appelle bonnes villes.

messagers d'Uter qui venaient annoncer au roi la nouvelle de la mort d'Engis. Alors, les messagers du roi, qui avaient fait demi-tour, et ceux d'Uter racontèrent en privé à Pandragon comment

115 Uter avait tué Engis. Pandragon leur interdit sur leur vie d'ébruiter la nouvelle. Il voulait attendre l'arrivée de Merlin avec l'intention de lui demander comment avait péri Engis, car bien peu étaient au courant de cette mort.

Un jour qu'il revenait de l'église, un bel homme, bien vêtu,
120 bien paré, de noble apparence, l'aborda et le salua.

« Sire, lui dit-il, qu'attendez-vous dans cette ville ?

– J'attends que Merlin vienne me parler.

– Sire, vous n'êtes pas assez avisé pour le reconnaître quand il vient de vous adresser la parole ! Faites venir ceux qui vous accom-
125 pagnent et qui prétendent connaître Merlin et demandez-leur si je puis être ce Merlin. »

Ébahi, le roi les fait appeler.

« Seigneurs, leur demande-t-il, nous attendons Merlin, mais à mon avis aucun de vous ne le connaît. Sinon, dites-le-moi.

130 – Sire, si nous le voyons, nous le reconnaîtrons à coup sûr.

– Seigneurs, dit l'homme qui se tenait devant le roi, qui ne se connaît pas soi-même peut-il connaître autrui ?

– Nous ne prétendons pas, font-ils, le connaître intimement, mais nous saurons bien l'identifier, si nous le voyons.

135 – On ne connaît pas bien un homme, réplique l'inconnu, si l'on sait seulement à quoi il ressemble, et je vais vous le prouver. »

Il invite le roi à se retirer seul à seul avec lui dans une chambre.

« Sire, lui dit-il, je désire être votre ami et celui de votre frère
140 Uter. Sachez que je suis ce Merlin que vous êtes venu chercher. Quant à ces gens qui croient me connaître, ils ne savent rien de moi, comme je vais vous le montrer. Sortez et faites venir ces prétentieux : dès qu'ils me verront, ils diront que c'est bien moi que vous avez trouvé, mais ils seraient incapables de me
145 reconnaître, si j'en décidais autrement.

« – Je ferai, dit le roi tout heureux, tout ce que tu voudras. »

Il sortit de la salle sans tarder et fit venir ceux qui, pensait-il, connaissaient Merlin. Quand ils furent entrés, Merlin prit l'apparence sous laquelle ils l'avaient vu naguère.

150 « Sire, dirent-ils au roi en apercevant Merlin, nous affirmons que c'est bien lui.

– Assurez-vous de bien le reconnaître, dit le roi en riant.

– Nous affirmons que c'est Merlin.

– Sire, c'est parfaitement vrai. Et maintenant dites-moi ce qui
155 vous ferait plaisir.

– J'aimerais te demander, si c'est possible, de devenir ton ami et ton familier, car les personnes ici présentes m'ont dit que tu étais un homme de grande sagesse et de bon conseil.

– Sire, répond Merlin, puisque vous me le demandez, je vous
160 assisterai de mes conseils, si je le peux.

– J'aimerais encore savoir, s'il te plaît, si je t'ai adressé la parole depuis que je suis venu à ta recherche en ce pays.

– Sire, je suis l'homme que vous avez trouvé en train de garder les bêtes. »

165 Le roi et son entourage restèrent ahuris de cette déclaration.

« Comment, reprit le roi, as-tu su la mort d'Engis ?

– Sire, dès votre arrivée ici, j'ai su qu'Engis voulait assassiner votre frère et je suis allé le prévenir. Grâce à Dieu, il m'a cru et il s'est tenu sur ses gardes. Je l'ai mis au courant de la force, de la
170 vigueur et de l'audace d'Engis qui comptait pénétrer tout seul dans le camp jusqu'à la tente de votre frère pour le tuer. Cela, il ne voulait pas le croire, mais il eut soin de rester éveillé cette nuit-là, sans le dire à personne et il s'arma en cachette. Il resta vigilant toute la nuit dans sa tente jusqu'à l'arrivée d'Engis muni de cou-
175 teaux pour le tuer. Engis le chercha à l'intérieur de la tente, sans résultat. Au moment où il sortait, votre frère se jeta sur lui et le tua après un bref corps à corps, car il était armé et Engis était venu sans armure pour repartir au plus vite une fois son forfait accompli.

180   – Sous quel aspect as-tu parlé à mon frère, car je m'étonne qu'il t'ait cru ?

    – Sous celui d'un vieillard.

    – Lui as-tu dit qui tu étais ?

    – À cette heure il ignore encore qui lui a parlé et il ne le saura
185 pas avant que vous le lui appreniez vous-même : c'est pourquoi je vous ai fait savoir par vos hommes que vous n'enlèveriez pas le château tant qu'Engis serait en vie.

    – Ami cher, viendras-tu avec moi ? J'ai si grand besoin de tes conseils et de ton aide.

190   – Sire, plus tôt j'irais avec vous, plus vos gens s'offusqueraient (et c'est déjà fait !) de la confiance que vous m'accorderiez. Allez demander à votre frère qui lui a dit ce que je viens de vous raconter. Pour que vous puissiez m'identifier quand je serai en sa présence, j'aurai la même apparence que le jour où je le mis en
195 garde pour protéger sa vie.

    – Par Dieu, demande le roi, dis-moi maintenant quel jour tu viendras parler à mon frère.

    – Je vais vous le dire mais, au nom de notre amitié, ne le répétez à personne, car si je vous surprenais à me trahir, je ne
200 me fierais plus jamais à vous et vous y perdriez plus que moi.

    – Si je te manque à ma parole une seule fois, refuse-moi ta confiance.

    – Je vous mettrai à l'épreuve de plusieurs manières, n'en doutez pas.

205   – Tant qu'il te plaira.

    – Sachez en tout cas que je parlerai à votre frère dix jours après que vous lui aurez vous-même parlé. »

    C'est ainsi que Merlin entra en relation avec Pandragon, puis il le quitta et rejoignit son maître Blaise et lui rapporta tous ces faits.
210 Blaise les mit par écrit et, grâce à lui, nous en avons connaissance aujourd'hui encore.

    Pandragon retourna par étapes auprès de son frère, et Uter, en le voyant, l'accueillit avec joie. Il lui raconta la mort d'Engis

telle que la lui avait racontée Merlin et lui demanda si son récit
215 était exact.

« Seigneur, répond Uter, tout à fait ! Mais – que Dieu m'aide –
vous venez de me dire ce que personne à mon avis ne pouvait
savoir, sauf Dieu. Un très vieil homme m'en avait informé en
secret, et vraiment je ne pense pas que quelqu'un d'autre ait pu
220 le savoir. Seigneur, poursuit-il en souriant à son frère, qui vous a
mis au courant ?

– Dites-moi qui était ce vieillard qui vous a sauvé la vie, car je
pense, d'après ce que j'ai appris, que sans lui Engis vous aurait tué.

– Seigneur, je ne sais qui c'était, mais il avait l'air d'un homme
225 respectable et plein de sagesse. Sur son apparence je l'ai cru, car il
m'a fait une incroyable révélation et Engis a fait preuve d'une rare
audace pour venir me tuer en plein camp et jusque sous ma tente.

– Reconnaîtriez-vous cet homme, si vous le voyiez ?

– Seigneur, à tous les coups, je crois.

230 – Je vous affirme, dit Pandragon, qu'il viendra vous parler
dans dix jours. Faites en sorte de rester en ma présence afin que
je voie si je peux le reconnaître parmi tous ceux qui viendront
vous parler. »

Facéties[1] et sagesse de Merlin

De son côté, Merlin dit à Blaise qui lui demandait ce qu'il
allait faire :

« Ces rois sont jeunes et pleins d'entrain. Je ne pourrai gagner
leur affection qu'en répondant à leurs désirs, en leur procurant des
5 distractions drôles et amusantes. Je connais une dame dont Uter
est amoureux ; j'irai le trouver et je lui apporterai de la part de son
amie une lettre que vous me rédigerez, pour qu'il croie ce que je lui

---

1. *Facéties* : plaisanteries.

dirai en confidence. Je connais leurs tendres propos. Il sera surpris
de les entendre dans ma bouche. Au jour fixé, je m'arrangerai pour
10 qu'ils me voient sans me reconnaître. Le lendemain, je leur dirai
qui je suis, ils seront d'autant plus heureux de me voir. »

Ainsi fit Merlin : sous les traits du serviteur de la dame il se
rendit à l'endroit où Uter se tenait en compagnie de son frère.

« Seigneur, lui dit-il, ma dame vous salue et vous envoie cette
15 lettre. »

Uter la prit, tout joyeux, persuadé qu'elle venait de son amie et
la fit lire à un clerc[1] : elle recommandait de faire confiance au
porteur. Merlin tint à Uter les propos qu'il savait lui être agréables
et ne quitta pas le roi de toute la journée. Un peu avant le soir,
20 Pandragon s'étonna de ne pas voir venir Merlin qui lui avait promis de parler ce jour-là à Uter. Les deux frères attendirent jusque
tard dans la soirée. Le soir venu, ils s'interrogèrent à ce sujet.
Merlin s'était mis un peu à l'écart et avait pris l'apparence qu'il
avait le jour où il avait abordé Uter pour la première fois. Il entra
25 dans la tente de ce dernier et dit à un chevalier d'aller le chercher.
On vint dire à Uter qu'un vieillard le demandait dans sa tente.
Uter s'y rendit. Il y trouva le vieillard, le reconnut au premier
coup d'œil et lui fit fête.

« Seigneur, lui dit-il après avoir parlé de choses et d'autres, vous
30 m'avez sauvé la vie, mais je suis étonné que le roi m'ait répété ce
que vous m'avez dit et ce que j'ai fait après votre départ ; il a ajouté
que vous deviez venir aujourd'hui et m'a prié de l'avertir de votre
venue. Mais comment donc a-t-il su ce que vous m'aviez dit ? Voilà
qui est surprenant !

35 – C'est forcément, répondit Merlin, parce que quelqu'un le lui
avait dit ! Allez le chercher et demandez-lui devant moi qui l'a
informé. »

---

1. Les seigneurs ne savent, le plus souvent, pas lire et doivent faire appel à un
clerc (lettré) pour déchiffrer ou écrire un document. Merlin lui-même n'écrit
jamais.

Uter s'en retourna pour aller chercher le roi et ordonna à ceux qui gardaient la porte d'en interdire absolument l'entrée. Dès qu'il fut sorti, Merlin prit l'apparence du serviteur qui avait apporté la lettre et quand les deux frères furent de retour, ils se trouvèrent en face de ce serviteur.

« Seigneur, dit au roi Uter complètement ahuri, je n'en crois pas mes yeux ! J'ai laissé, à l'instant, le vieillard dont je vous parlais et je trouve maintenant ce serviteur ! Restez là, je vais demander à mes gens là-dehors s'ils ont vu sortir le vieillard ou entrer ce serviteur. »

Uter sortit et interrogea les gardes :

« Avez-vous vu quelqu'un entrer ou sortir, depuis que je suis allé chercher mon frère ?

– Seigneur, personne n'est entré ou sorti que vous et le roi.

– Seigneur, dit Uter en revenant auprès du roi, je n'y comprends rien !

– Et toi, demande le roi au serviteur, quand es-tu entré ?

– Sire, j'étais déjà là quand vous avez parlé au vieillard.

– Seigneur, dit Uter en levant la main pour se signer, que Dieu me vienne en aide, je suis victime d'un enchantement ! »

Le roi, hilare, était intimement persuadé que le farceur n'était autre que Merlin.

« Cher frère, dit-il, je ne vous croyais pas capable de me mentir.

– Je suis si ébahi, répond Uter, que je ne sais que dire.

– Qui est donc ce serviteur ? demande le roi.

– C'est celui qui m'a apporté une lettre en votre présence.

– C'est exact, dit le jeune homme.

– Pensez-vous, dit le roi, que ce soit l'homme pour lequel vous êtes venu me chercher ?

– Non, impossible !

– Eh bien sortons, dit le roi, et s'il veut se laisser trouver, ça ne tardera pas. »

Ils sortent et, au bout d'un moment, le roi dit à un de ses chevaliers :

« Allez voir qui est là-bas dans la tente. »

Il y va, trouve le vieillard assis sur un lit et revient le dire au roi. Uter en est de plus en plus ahuri.

« Mon Dieu, voilà qui dépasse l'imagination ! C'est bien l'homme qui a empêché Engis de me tuer.

– Qu'il soit le bienvenu, dit Pandragon tout joyeux. Seigneur, dit-il à Merlin, puis-je dire à mon frère qui tu es et quel est ton nom ?

– Je veux bien. Dites-le-lui.

– Cher frère, dit Pandragon, vous ignorez qui est cet homme. Eh bien, sachez que c'est l'homme le plus sage qui soit et dont nous avons le plus grand besoin. Voyez tout son pouvoir : c'est lui le messager qui vous a abordé aujourd'hui ; c'est lui en personne qui vous a remis la lettre et qui a écrit les tendres propos que vous échangez avec votre amie.

– Seigneur, dit Uter toujours ahuri, comment le croire ? Ce serait la plus grande merveille du monde !

– Cher frère, vous ne devez pas en douter.

– Impossible de le croire, si je n'ai pour preuve que vos paroles. »

Alors le roi prie Merlin de faire une démonstration à son frère, et il y consent.

« Je lui en apporterai une preuve indubitable[1], parce que j'ai pour lui une profonde affection. Sortez un instant et je me montrerai à vous sous les traits du serviteur. »

Ils sortent tous les deux et à peine sont-ils dehors qu'il fait signe à Uter et lui apparaît sous les traits du garçon.

« Cher frère, demande le roi, que vous semble-t-il de ce garçon ? Vous auriez du mal à croire que c'est lui qui tout à l'heure vous parlait à l'intérieur de la tente !

---

1. *Indubitable* : qu'on ne peut pas mettre en doute, certaine.

– Seigneur, je suis si stupéfait que je ne sais que répondre.

– Cher frère, soyez certain que c'est lui qui vous a averti des
105 projets meurtriers d'Engis à votre égard, c'est lui qui vous parlait
dans la tente et que je suis allé chercher en Northumberland. Cet
homme a le don de connaître tout le passé et une grande partie
de l'avenir. Aussi voudrais-je le prier d'être notre ami et de nous
aider dans toutes nos entreprises.

110 – S'il y consentait, un homme comme lui nous serait bien
utile. »

Les deux frères demandent alors à Merlin de rester auprès
d'eux, au nom de Dieu, et parce qu'ils lui accordent leur confiance.

« Vous voilà à présent, répond Merlin, convaincus que je sais
115 tout ce que je veux savoir. Je resterais volontiers, mais je veux
vous livrer à tous les deux un secret. Il faut que vous sachiez
qu'en vertu d'une contrainte de ma nature, je dois me tenir parfois à l'écart du monde. Mais soyez sûrs que, où que je sois, c'est
vous et vos affaires que je ferai passer avant tout et si j'apprends
120 que vous êtes en difficulté, je vous viendrai en aide et je vous
assisterai de mes conseils. Si vous voulez conserver ma compagnie, ne vous préoccupez pas de mes absences et toutes les fois
que je reviendrai parmi vous, réservez-moi un accueil amical.
Ainsi les gens de bien m'en aimeront davantage et les méchants,
125 ceux qui vous détestent, me prendront en haine, mais si vous me
faites belle mine, ils n'oseront pas manifester leur hostilité. Pour
longtemps, apprenez-le, je ne changerai plus d'apparence, sauf
pour vous et en privé, quand je reviendrai vous trouver. Ceux
qui m'ont déjà vu sous mon aspect habituel vous diront que je
130 suis de retour. Dès que vous l'apprendrez, manifestez votre satisfaction et ils vous diront que je suis un bon devin. Consultez-moi
en toute liberté sur les projets de vos conseillers et je vous dirai
mon avis sur toutes ces questions. »

Deux jours plus tard, le roi réunit son conseil au grand complet.
135 « Sire, lui dirent ses conseillers, Merlin est un des meilleurs
devins du monde. Priez-le de nous dire, s'il le peut, comment

s'emparer du château et quelle sera l'issue de cette guerre contre les Saxons.

140 – Merlin, j'ai entendu faire l'éloge de ta grande sagesse et de tes dons exceptionnels de prophète. Dis-moi quand je pourrai me rendre maître du château et en chasser les Saxons qui sont venus envahir notre pays.

– Voici l'occasion de mettre ma science à l'épreuve. Depuis qu'ils ont perdu Engis, les Saxons ne pensent qu'à quitter ce pays
145 et à prendre la fuite. Assurez-vous-en demain par vos messagers. Envoyez-les dans la forteresse à la faveur d'une trêve et chargez-les d'une mission : que les Saxons abandonnent la terre qui a appartenu à votre père, vous les ferez alors conduire hors du pays, la vie sauve, et vous leur fournirez des vaisseaux pour leur départ.

150 – Très bien, répondit le roi. Je leur enverrai des messagers. »

Sur les conseils de Merlin, le roi y délégua un de ses conseillers, Ulfin. Les messagers se rendirent au château et, en les voyant venir, les Saxons allèrent à leur rencontre.

« Que veulent ces chevaliers ? demandèrent-ils.

155 – Le roi, répondit Ulfin, vous demande une trêve de trois mois.

– Nous en délibérerons », firent les Saxons.

Ils se retirèrent pour en discuter entre eux.

« La mort d'Engis, se dirent-ils, nous a mis en bien mauvaise posture ; nous n'avons pas assez de vivres pour subsister ici
160 jusqu'à l'expiration de la trêve demandée par le roi. Nous n'avons rien à manger ; proposons-lui de lever le siège s'il consent à nous laisser le château, nous le tiendrons de lui en fief[1] et chaque année nous lui enverrons en tribut dix chevaliers en armes, dix demoiselles, cinq faucons, cent lévriers, cent des-
165 triers et cent palefrois[2]. »

---

1. *Nous le tiendrons de lui en fief* : expression de droit féodal. Un fief est une terre qu'un seigneur accorde à un vassal. Celui-ci, en échange, se met à son service en participant à sa cour et en faisant la guerre pour lui.
2. *Destriers* : chevaux de combat. L'écuyer menait le destrier de la main droite ou *destre*, d'où son nom ; *palefrois* : chevaux de parade.

Le conseil adopta cette solution. On en fit part aux messagers qui, à leur retour, en référèrent au roi, à Merlin et aux barons. Après les avoir écoutés, le roi demanda à Merlin ce qu'il devait faire.

«N'acceptez pas ces conditions, répondit-il, si vous m'en 170 croyez, car il en résulterait de grands malheurs pour le pays et le royaume, mais mandez-leur immédiatement d'évacuer le château, puisqu'ils n'ont rien à manger. Ils ne bénéficieront d'une trêve qu'à cette condition. Ils accepteront volontiers. Vous leur donnerez des navires pour repartir. Quand ils sauront que vous leur 175 laissez la vie sauve, je vous garantis qu'ils n'en seront que trop heureux, car ils ne s'attendent tous qu'à la mort.»

Au matin, le roi suivit le plan de Merlin : il envoya ses messagers qui présentèrent leur requête. Lorsque ceux du château entendirent qu'ils pouvaient se retirer sains et saufs, ce fut un immense 180 soulagement, car ils ne voyaient pas d'où viendrait leur salut. L'annonce en fut faite dans tout le royaume. Le roi les fit conduire jusqu'au port et leur fournit des vaisseaux. Dès lors Merlin se fit écouter en maître dans le conseil royal.

La triple mort du baron

Longtemps après, un jour que Merlin entretenait le roi d'une importante affaire, un des barons, qui en prenait ombrage, vint trouver le souverain.

«Sire, lui dit-il, la confiance que vous accordez à cet homme 5 est incroyable. Sachez que tout ce qu'il vous dit et à quoi vous ajoutez foi lui est dicté par le diable. Avec votre permission je le mettrai à l'épreuve.

– Je veux bien, à condition de ne pas attenter à sa personne.

– Sire, je ne le toucherai pas et ne lui dirai rien qui puisse le 10 choquer.»

Le roi fut d'accord.

Ravi de cette permission, ce baron qui passait aux yeux du monde pour un homme plein de sagesse, mais qui était en réalité un maître fourbe, par ailleurs riche, puissant et bien apparenté[1], vint trouver Merlin à la cour[2], lui fit bonne figure, chaleureux accueil et l'attira devant le roi en petit comité.

« Sire, voici Merlin, dit-il au roi, un des hommes les plus sages du monde et de meilleur conseil. J'ai entendu dire qu'il avait prédit à Vertigier qu'il mourrait dans un incendie allumé par vous, et c'est ce qui est arrivé. Aussi je vous demande la permission de l'interroger. Vous savez que je suis malade : qu'il dise de quelle mort je mourrai, s'il le sait. »

Tous insistèrent auprès de Merlin qui, à travers ces propos, avait décelé l'envie et l'hostilité que l'homme lui portait.

« Seigneur, vous m'avez demandé de vous dire quelle sera votre mort. Sachez-le, vous tomberez de votre cheval et vous vous briserez le cou : ainsi finirez-vous.

– Sire, dit à ces mots le baron en s'adressant au roi, vous entendez ce qu'il me dit ! Que Dieu m'en garde. Sire, ajouta-t-il en prenant le roi à part, retenez bien ce qu'il a dit. Je me présenterai à lui d'une autre manière pour le mettre de nouveau à l'épreuve. »

Le baron regagna son pays, se déguisa autrement, revint à la ville où était le roi, fit semblant d'être malade et demanda au roi de lui amener Merlin, sans qu'il dévoile l'identité du visiteur. Pandragon accepta en promettant de laisser Merlin dans une parfaite ignorance.

« Allons tous deux, dit-il à Merlin, voir un malade.

– Sire, répondit Merlin en riant, un roi ne doit jamais se déplacer tout seul, sans une escorte. »

Le roi choisit ses compagnons et se rendit auprès du malade. Lorsqu'ils furent en sa présence, la femme du baron, qu'il avait mise dans le secret, tomba aux pieds du roi.

---

1. *Bien apparenté* : de bonne famille.
2. *La cour* : un roi règne en prenant le conseil de ses vassaux, lorsqu'il les réunit pour demander leur avis, on dit qu'il tient sa cour.

« Sire, dit-elle, par Dieu, demandez à votre devin de dire si mon époux que voici sous ma garde, en mauvaise santé, guérira
45 un jour. »

Le roi prit un air triste.

« Pourriez-vous, dit-il en se tournant vers Merlin, répondre à la question que pose cette femme sur le sort de son mari ? Guérira-t-il un jour ?

50 – Sire, le malade ici allongé ne mourra pas de cette maladie ni sur ce lit. »

Le malade fit semblant de parler avec difficulté.

« Seigneur, par Dieu, comment mourrai-je alors, si je réchappe de ce mal-ci ?

55 – Le jour de votre mort, répondit Merlin, on vous trouvera pendu. »

Et Merlin, faisant mine d'être en colère, lui tourna le dos et sortit, les laissant dans la maison en tête à tête.

Quand le baron vit que Merlin était parti, il dit au roi :

60 « Sire, réfléchissez, vous voyez bien que cet homme est fou, que ce qu'il dit n'est que mensonge, puisqu'il me prédit deux morts incompatibles l'une avec l'autre. Je vais le mettre une troisième fois à l'épreuve devant vous. Je me rendrai demain dans une abbaye, je ferai le malade et je vous enverrai chercher par l'abbé. Celui-ci
65 vous dira que je suis un de ses moines, qu'il est très inquiet, parce qu'il a peur pour ma vie et je vous prierai au nom de Dieu, de votre intérêt et de celui de ce saint homme, d'amener votre devin. Je vous affirme que ce sera la dernière épreuve. »

Le roi lui promit d'y aller avec Merlin.

70 Le baron se rendit dans une abbaye, comme convenu avec le roi, et envoya l'abbé chercher Pandragon qui vint avec Merlin. Ils arrivèrent à l'abbaye un matin de bonne heure, avant la messe à laquelle assista le roi. À la fin de l'office, l'abbé se présenta à lui, accompagné de nombreux moines, et le pria de venir voir l'un
75 d'entre eux malade avec son devin. Pandragon demanda à Merlin s'il voulait bien l'accompagner.

«Bien volontiers, mais je désire d'abord dire en votre présence quelques mots à votre frère Uter.»

Il les conduisit devant un autel.

80 «Plus je vous fréquente, leur dit-il, plus je vous trouve dépourvus de sagesse. Croyez-vous que j'ignore de quelle mort doit mourir ce fou qui me met à l'épreuve ? Je le sais parfaitement, je le lui dirai et vous serez plus étonné de ma réponse que lors de ses deux premières questions.

85 – Est-il croyable, dit le roi, qu'il meure de la sorte ?

– S'il ne meurt pas comme je l'ai dit, n'ajoutez plus foi à mes paroles : je sais aussi bien sa mort que la vôtre. Quand vous aurez vu la sienne, vous m'interrogerez sur la vôtre : j'annonce à Uter que je le verrai roi avant que je ne me sépare de lui.»

90 Ils se rendirent là où l'abbé les conduisit.

«Sire, par Dieu, faites dire à votre devin si ce bon moine pourra guérir.

– Il peut se lever, dit Merlin cédant à un mouvement de colère, il n'est pas du tout malade et il est inutile qu'il me mette 95 à l'épreuve, car il mourra bel et bien des deux manières que je lui ai indiquées. Et je vais lui dire la troisième, plus étrange que les deux autres : qu'il en soit sûr, le jour de sa mort il se brisera le cou, il sera pendu et il se noiera. Qui vivra jusqu'à ce jour assistera à ces trois sortes de mort ; je ne lui ai dit que la vérité. Qu'il 100 cesse cette comédie puisque je connais sa folie et ses mauvaises pensées.

– Sire, répliqua le baron en se dressant, vous pouvez voir à plein sa folie ! Il ne sait pas ce qu'il dit ! Comment dirait-il la vérité, quand il prétend que le jour de ma mort je me briserai le 105 cou, je me pendrai et je me noierai ? Demandez-vous donc s'il est prudent de faire confiance à un tel homme et de lui donner toute autorité sur vous et sur vos conseillers.

– Je lui garderai ma confiance jusqu'à ce que je sache comment vous mourrez.»

110   L'affaire en resta là, tout le monde apprit la prédiction de
Merlin sur la mort du baron et chacun fut impatient de savoir si
elle se réaliserait.

Bien plus tard, l'homme dont la mort avait été annoncée chevauchait un jour avec une nombreuse escorte et il arriva au bord
115 d'une rivière que franchissait un pont qui menait à une ville sur
l'autre rive. Tandis qu'il traversait le pont à cheval, son palefroi
trébucha et tomba sur les genoux ; le cavalier fut projeté en avant
et dans sa chute il se brisa le cou, il resta pris par ses vêtements,
accroché à un des vieux piliers du pont, suspendu jusqu'à la cein-
120 ture, mais les épaules et la tête plongées dans l'eau. Les deux
hommes qui chevauchaient à ses côtés assistèrent à l'accident.
On poussa des cris, des appels au secours et les gens de la ville
accoururent en toute hâte sur les lieux. Lorsqu'ils furent arrivés,
les deux hommes dirent à ceux qui tiraient le baron de l'eau et le
125 dégageaient du pieu : « Attention ! Il s'est brisé le cou ! » On ne put
que le constater.

« Merlin, avouèrent les deux compagnons du baron, ne s'était
pas trompé quand il avait prédit que cet homme se briserait le cou,
se pendrait et se noierait ! Il est insensé de ne pas ajouter foi à ses
130 paroles, elles ne sont que trop véridiques. »

Ceux qui avaient assisté à la mort du baron relatèrent au roi
la scène étonnante dont ils avaient été les témoins. Pandragon
déclara, ainsi que tous ceux qui étaient présents, qu'il n'était pas
d'homme plus sage que Merlin et chacun décida de mettre par
135 écrit les prédictions qu'ils avaient entendues de sa bouche. Ainsi
commença-t-on le *Livre des prophéties de Merlin*[1].

Merlin avait rejoint son maître Blaise dans le Northumberland
afin de lui raconter ces événements qui allaient servir de matériaux
pour la rédaction de son livre. Quand il sut que Pandragon et Uter
140 avaient l'intention de consigner par écrit ses paroles, il en fit part à
Blaise.

---

1. Allusion aux *Prophetiae Merlini* de Geoffroy de Monmouth.

« Écriront-ils le même livre que moi ? demanda-t-il.

– Point du tout. Ce qu'ils noteront, ils ne le comprendront qu'après le fait accompli », répondit Merlin qui avait décidé de ne plus parler en public à la cour qu'en termes voilés.

résumé : Pandragon et mort parce que les Saxons sont venu a l'attaquont a cause de la mort D'Engis

La bataille de Salisbury

Merlin revint à la cour trouver Pandragon et Uter, leur avoua avec émotion sa profonde affection pour eux et son désir de se consacrer à leur réussite et à leur honneur. Étonnés de le voir se mettre si humblement à leur disposition, ils l'invitèrent à s'exprimer en toute franchise, sans rien leur cacher de ce qui les concernait.

« Je ne vous cacherai rien, répondit-il, de ce que je dois vous révéler. Vous souvenez-vous des Saxons que vous avez chassés du royaume après la mort d'Engis ?

– Fort bien.

– De retour en leur pays ils apportèrent la nouvelle de sa mort. Engis appartenait à une illustre famille. Celle-ci fit appel aux nombreux lignages [1] apparentés qui jurèrent n'avoir de cesse qu'ils n'aient vengé la mort d'Engis avec l'espoir de reconquérir le royaume.

– Mais ont-ils assez de forces, demandèrent les deux frères, pour tenir tête aux nôtres ?

– Pour un combattant des vôtres ils en auront deux et, si vous ne faites pas preuve d'habileté, ils vous détruiront et conquerront votre royaume.

– Quand prévoyez-vous leur arrivée ?

– Pour le onze juillet, et personne dans votre royaume ne le saura, si nous gardons le secret. Mandez tous vos hommes, tous vos chevaliers, riches et pauvres, réservez-leur le meilleur accueil

---

1. *Lignages* : ensemble de personnes issues d'ancêtres communs.

possible. Demandez-leur d'avoir de bons chevaux et de belles
25 armes. Distribuez-leur généreusement de vos biens, car il est
habile de gagner le cœur des gens. Qu'ils soient à vos côtés avec
toutes leurs forces la dernière semaine de juin, à l'entrée de la
plaine de Salisbury. Regroupez toutes vos troupes aux bords de
la rivière et laissez l'adversaire aborder et débarquer.
30   – Quoi ! fit le roi, nous les laisserons aborder ?
      – Oui, si vous m'en croyez, et même s'éloigner du rivage de
sorte qu'ils ne sauront pas que vous avez réuni vos forces. Quand
ils se seront éloignés de la côte, vous enverrez une partie de vos
troupes vers les navires pour montrer que vous voulez leur cou-
35 per toute retraite ; ils s'en apercevront et s'en inquiéteront. Que
l'un de vous deux se mette alors en marche avec ses gens et les
harcèle de si près qu'il les force à camper dans la plaine, loin de la
rivière. Installés là, ils manqueront d'eau et les plus hardis per-
dront courage. Cela fait, vous les tiendrez deux jours en respect et
40 le troisième jour vous engagerez la bataille. Si vous agissez ainsi,
je vous assure que vos troupes remporteront la victoire.
      – Par Dieu, Merlin, firent les deux frères, dis-nous donc si
nous périrons dans cette bataille.
      – Tout a un commencement et nécessairement une fin, il ne
45 faut donc pas s'effrayer de la mort, si on l'accepte comme il se
doit : chaque être vivant doit savoir qu'il mourra, vous devez le
savoir pour vous-mêmes.
      – Tu m'as dit une fois récemment, fit Pandragon, que tu savais
la date de ma mort aussi bien que celle du baron qui t'avait mis à
50 l'épreuve. Pour celui-là tu ne t'es pas trompé. Je te prie donc, si tu
le veux bien, de me dire la vérité sur la mienne.
      – Faites tous les deux apporter les plus précieux reliquaires [1]
que vous possédez et sur les reliques faites l'un à l'autre le serment d'agir comme je vous l'ordonnerai dans votre intérêt et
55 pour votre honneur. »

---

1. *Reliquaires* : coffres généralement ciselés dans un métal précieux, parfois
vitrés, dans lesquels sont conservées les reliques des saints.

Ils suivirent les ordres de Merlin.

«Nous t'avons obéi, dirent-ils après avoir prêté serment. Nous agirons selon tes ordres.

– Vous m'interrogez sur votre mort, répondit Merlin à
60 Pandragon, et sur l'issue de cette bataille. Je ne répondrai qu'à ces deux questions. Défendez votre légitime héritage en vertu du droit et de la religion. Celui qui mourra en défendant ses droits en union avec les mérites de Jésus-Christ selon les commandements de la sainte Église ne doit guère craindre la mort. Apprenez encore
65 que, depuis que le christianisme fut implanté en cette île, il n'y eut, et il n'y aura jamais de votre temps, une bataille aussi formidable que celle-là. L'un de vous deux périra au cours de cette bataille et le survivant vient de s'engager par serment à faire sur les lieux du combat, et selon mes conseils, la plus belle et la plus
70 majestueuse sépulture qui soit ; je lui promets de l'y aider et mon œuvre durera aussi longtemps que la chrétienté. Je vous ai dit que l'un de vous doit mourir : songez à être braves de corps et de cœur, comme je vous y ai incités. Je me refuse à dire lequel, parce que j'entends que vous soyez braves aussi bien l'un que l'autre. »
75 Avec ces mots Merlin mit fin à ses exhortations[1]. Ils reconnurent qu'il les avait conseillés avec bonne foi, ils agirent en conséquence. Ils mandèrent les seigneurs et les guerriers par tout le pays et, quand ils furent réunis, ils leur distribuèrent abondamment de leurs richesses et leur firent un joyeux accueil. Ordre fut
80 donné à tous leurs vassaux de se munir d'armes et de chevaux et, par un ban[2] publié dans le royaume, fut fixée la date de la convocation, pour la dernière semaine de juin, dans la plaine de Salisbury, au bord de la Tamise[3], afin de défendre le royaume. Tous répondirent à l'appel.

---

1. *Exhortations* : encouragements.
2. *Ban* : proclamation publique.
3. Salisbury n'est pas au bord de la Tamise. Nouvelle preuve de l'ignorance de la géographie de l'Angleterre ! Historiquement, la bataille se situerait au sud de l'Écosse.

85   Le jour du rassemblement arriva et les deux frères respectèrent strictement les ordres de Merlin. À la Pentecôte [1], ils allèrent tenir cour au bord de cette rivière, le peuple afflua et d'abondantes richesses furent distribuées. La fête dura jusqu'à l'annonce de l'approche des vaisseaux. Quand Uter en fut informé, exactement
90   le onze juin – la date prévue par Merlin était juste – il donna l'ordre aux prélats et aux prêtres de la sainte Église de recevoir tous les hommes en confession en les incitant à se pardonner réciproquement offenses et malveillances, à restituer les biens indûment [2] acquis, origine habituelle des haines. L'ordre fut
95   exécuté dans toute l'armée.

Lorsque les Saxons eurent débarqué et pris pied sur la terre ferme, ils restèrent huit jours sur place et le neuvième jour ils commencèrent à faire mouvement à cheval. Le roi qui avait ses espions dans l'armée ennemie en fut informé. Sachant qu'ils
100   étaient en route, il retrouva Merlin, lui annonça la nouvelle, que celui-ci confirma. Pandragon le consulta alors sur la conduite à tenir.

« Vous enverrez demain, répondit Merlin, votre frère Uter avec d'importantes forces et quand il jugera les Saxons à une bonne
105   distance de la rivière et de la mer, au milieu de la plaine, qu'il maintienne sa pression sur eux et les oblige à établir leur camp. Au matin, quand ils voudront poursuivre leur progression, qu'il passe à l'attaque et les serre de si près qu'ils ne puissent plus avancer : ils regretteront tous de ne pouvoir revenir à leur point de départ. Qu'il
110   observe cette tactique pendant deux jours et le troisième jour vous verrez la bannière qui doit vous assurer la victoire : un dragon vermeil volant dans les airs entre ciel et terre. Lorsque vous aurez vu ce signe, symbole de votre nom, vous pourrez sans crainte engager le combat, car vos hommes auront la victoire. »

---

1. *La Pentecôte* : fête célébrée le septième dimanche après Pâques pour commémorer la descente du Saint-Esprit sur les apôtres.
2. *Indûment* : injustement.

115 Pandragon et Uter étaient seuls présents à écouter ces conseils ; ils en furent réconfortés.

« Je vais m'en aller, dit alors Merlin, mais ne doutez pas de ce que je vous ai dit et n'oubliez pas tous les deux de vous comporter bravement. »

120 Ils se séparèrent et Uter s'apprêta avec ses hommes à se poster entre le camp des Saxons et la mer. Quand il eut quitté le roi, Merlin vint à lui.

« Songez, lui dit-il, à être brave dans cette bataille car vous n'avez pas à redouter la mort. »

125 Ces paroles apportèrent un grand soulagement à Uter. Les deux frères firent comme Merlin le leur avait recommandé. Avec ses hommes Uter prit position entre les Saxons et leur flotte, au milieu de l'immense plaine, loin de la rivière. Il mena contre eux un violent assaut et les força à camper loin des points d'eau. Il les
130 tint ainsi deux jours, bloquant leur marche, et le troisième jour le roi Pandragon fit mouvement en avant avec ses forces. Voyant l'adversaire en pleine campagne, les bataillons disposés comme pour attaquer Uter, le roi ordonna de ranger ses corps de bataille, ce qui fut fait sans délai, car chacun savait parfaitement à quelle
135 unité il appartenait. Quand les Saxons s'aperçurent que les deux ailes ennemies les prenaient en tenaille, ils eurent peur et virent qu'ils ne pouvaient se replier sans combattre. C'est alors qu'aux yeux de tous apparut dans les airs le monstre dont avait parlé Merlin, un dragon qui volait dans l'espace et qui crachait feu et
140 flammes par les naseaux et par la gueule. Cette apparition provoqua l'effroi et la panique dans l'armée des Saxons.

« Jetons-nous sur eux, crièrent Uter et Pandragon à leurs bataillons. Ils sont en déroute, nous avons vu le signe annoncé par Merlin. »

145 Les forces commandées par Pandragon foncèrent de toute la vitesse de leurs montures et quand Uter vit les gens du roi aux prises avec l'ennemi, il mena l'assaut contre les Saxons avec autant ou même plus de vigueur. Tel fut le début de la bataille dans la

plaine de Salisbury. Je me dispense de raconter qui se comporta bien ou mal, je me bornerai à dire que Pandragon périt avec une foule d'autres braves. Le livre relate qu'Uter remporta la victoire et que nombre de ses hommes, riches ou pauvres, y laissèrent leur vie. Quant aux Saxons, contraints de mourir ou de se noyer, nous lisons que pas un seul n'en réchappa.

Uter devint le maître du royaume. Il fit rassembler dans un même endroit les corps des chrétiens et le corps de son frère. Chacun fit graver sur la tombe le nom de son ami. Uter fit élever pour son frère un tombeau plus haut que les autres sans y inscrire son nom : il se disait qu'il faudrait être bien peu avisé pour ne pas reconnaître que, parmi ceux qui reposaient là, c'était celui du roi. Ensuite il prit en main les affaires du pays, avant même d'avoir le titre de roi, puis il alla à Londres et convoqua tous ses sujets et tous les prélats de la sainte Église.

Lorsque grands seigneurs et prélats furent rassemblés, il se fit couronner et sacrer, succédant ainsi à son frère sur le trône. Quinze jours après le sacre et le couronnement, Merlin, qui s'était retiré dans le Northumberland auprès de Blaise pour lui raconter tous ces événements, parut à la cour. Il vint trouver le nouveau roi.

« Il faut que vous disiez à votre peuple tout ce que je vous avais prédit : l'invasion de ce pays par les Saxons, l'accord passé entre moi, votre frère et vous, le serment que vous avez échangé entre vous. »

Uter exposa à ses sujets les actions accomplies par son frère et par lui-même d'après les indications de Merlin. À la suite du rapport d'Uter, Merlin dévoila la signification du dragon : il représentait la mort du roi et l'élévation d'Uter en dignité. En raison de ce dragon miraculeux qui planait dans les airs, Uter se fit appeler Uterpandragon. Les barons découvrirent ainsi le fidèle dévouement du devin, et Merlin fut le maître écouté d'Uter et de son conseil.

Les pierres d'Irlande

Uter régnait depuis longtemps en maintenant le royaume en paix, lorsque Merlin revint lui parler.

« Quoi ! lui dit-il. C'est tout ce que vous faites pour votre frère qui repose dans la terre de Salisbury ?

5 — Que veux-tu que je fasse ? Je ferai tout ce que tu voudras et que tu me suggéreras.

— Vous lui avez juré, et moi aussi je lui ai promis, de lui consacrer un monument aussi durable que la chrétienté ; respectez votre serment et je ne manquerai pas à ma parole.

10 — Dis-moi ce que je peux faire et je l'accomplirai de grand cœur.

— Entreprendre une œuvre immortelle et qui à jamais résiste au temps.

— Très bien, j'y consens.

15 — Envoyez chercher d'énormes pierres qui sont en Irlande[1]. Si énormes soient-elles, je saurai les dresser ; j'irai montrer à vos gens celles qu'ils doivent apporter. »

Uter approuva cette expédition et envoya hommes et bateaux en grand nombre. Quand ils furent là-bas, Merlin leur montra des
20 pierres colossales par leur longueur et leur largeur.

« Voici, dit-il, les pierres que vous êtes venus chercher et que vous emporterez. »

En les voyant, les hommes jugèrent que c'était une folie et déclarèrent que personne au monde ne pourrait même en faire
25 bouger une et ils refusaient de les embarquer. Merlin leur répondit

---

1. Il est ici fait allusion à la Chaussée des Géants (*Giant's Causeway*), site d'Irlande du Nord, en face des Lawlands d'Écosse où se situeraient historiquement tous ces événements.

que dans ces conditions ils étaient venus pour rien. Alors ils s'en retournèrent chez le roi, lui exposèrent la besogne inouïe que Merlin leur avait commandée et qui, à leur avis, était au-dessus de toute force humaine.

30 Quand Merlin fut de retour, Uter lui rapporta les paroles de ses gens.

«Même s'ils me font défaut, répondit Merlin, je tiendrai ma promesse.»

Il eut recours aux ressources de son art magique et fit venir les
35 pierres d'Irlande qui sont encore aujourd'hui au cimetière de Salisbury [1], et quand elles furent en place il invita Uterpandragon et une grande partie de son peuple à venir admirer le prodigieux amas. Arrivés sur les lieux et en présence de ce spectacle, ils avouèrent qu'aucun être humain n'était assez fort pour en soule-
40 ver une seule et qu'il aurait fallu beaucoup d'audace pour embarquer pareilles masses. Ils se demandèrent, éberlués, comment Merlin les avait transportées à l'insu de tous. Merlin leur ordonna de les dresser, car elles seraient plus belles debout que couchées sur le sol.

45 «Personne, dit Uter, n'en serait capable sauf Dieu et toi-même.

– Allez-vous-en, dit Merlin, je m'en chargerai et j'aurai tenu la promesse faite à Pandragon, j'aurai entrepris pour lui une œuvre que personne ne pourrait mener à bien.»

50 C'est ainsi que Merlin érigea les pierres d'Irlande qui sont au cimetière de Salisbury et qui y resteront aussi longtemps que durera la chrétienté.

---

1. À Stonehenge, site mégalithique près de Salisbury, des menhirs de trois à six mètres forment plusieurs rangs concentriques.

Résumé: Merlin et Uterpandragon [...] tout le peuple à Cardeul (les trois tables) cinquante chevaliers s'assoit à la table de la trinité... Merlin laisse Uter seul jusqu'au temps des fêtes

Les trois tables

Merlin se consacra longtemps au service d'Uterpandragon pour qui il avait une profonde affection et dont il avait gagné l'amitié et la confiance. Il le prit un jour à part.

«Sire, dit Merlin, vous savez que je connais le passé, ce don
5 me vient de ma nature diabolique, mais Notre-Seigneur dans sa toute-puissance m'a donné la faculté de connaître aussi l'avenir, et grâce à ce pouvoir souverain les diables m'ont perdu, car, s'il plaît à Dieu, je ne serai jamais soumis à leur volonté. Je vous dirai encore ce que Notre-Seigneur veut vous révéler. Il est venu
10 sur la terre pour sauver l'humanité. Alors qu'il était assis à la table de la Cène, il dit à ses apôtres que l'un d'eux le trahirait. C'est ce qui arriva en effet et l'auteur de ce forfait quitta la compagnie, comme Jésus l'avait prédit. Ensuite Notre-Seigneur souffrit la mort. Un chevalier demanda son corps et le détacha de
15 l'instrument du supplice, on le lui accorda en récompenses de ses services[1]. Notre-Seigneur prit en affection ce soldat désireux de recevoir son corps, qui eut par la suite à endurer maints tourments de la part des Juifs. Il arriva que ce soldat se trouvait en un désert avec nombre de gens et une grande partie de son
20 lignage. Survint une grave famine et ils se plaignirent à ce chevalier qui était leur guide. Il supplia Notre-Seigneur de lui envoyer un signe indiquant pourquoi il leur imposait une telle souffrance : Notre-Seigneur lui ordonna de construire une table, réplique de celle de la Cène, et d'y déposer un vase qu'il possédait, après
25 l'avoir recouverte d'une nappe blanche et de recouvrir de même le vase. Ce vase que lui avait donné Jésus-Christ lui permit de

---

1. Joseph d'Arimathie avait obtenu de recevoir le corps du Christ pour lui donner une sépulture dans son propre tombeau.

séparer les bons des méchants. À cette table, une place vide marque l'endroit où Judas[1] était assis à la Cène. Les deux tables furent ainsi établies en parfaite analogie et Notre-Seigneur combla de grâce celui qui s'assiérait à la nouvelle table. Les gens appelaient "graal" le vase qui était sous leurs yeux et dont ils recevaient la grâce[2].

«Si vous m'en croyez, nous établirons la troisième table au nom de la Trinité[3], puisque la Trinité est représentée par le chiffre trois. Cette institution sera, je vous le promets, la source de grands biens et de grands honneurs pour votre âme et votre corps et par elle se produiront de votre vivant d'extraordinaires prodiges. Je vous assure que ce sera un événement dont il sera beaucoup parlé partout.»

Le projet de Merlin plut à Uter.

«Sire, dit Merlin, heureux de l'approbation du roi, songez à quel endroit vous aimeriez établir cette table.

– Fais-la là où tu le préféreras toi-même et où, à ton avis, elle agréera le plus à Jésus-Christ.

– Ce sera donc, reprit Merlin, à Carduel[4], au pays de Galles. Réunissez là-bas tout le peuple autour de vous, les chevaliers et les dames du royaume, apprêtez-vous à les combler de cadeaux et à leur faire bon accueil. Je vous précéderai, je ferai construire la

---

1. *Judas* : l'un des douze apôtres de Jésus, choisis parmi ses disciples pour prêcher l'Évangile. Il a dénoncé Jésus, et son nom désigne dans le langage courant un traître.

2. Robert de Boron, qui est aussi l'auteur du *Roman de l'histoire du graal*, semble inscrire son œuvre dans un vaste projet couvrant toute l'histoire du graal. Ce dernier désigne le vase sacré utilisé par Jésus lors de son dernier repas, et qui recueillit le sang de ses plaies lors de la Crucifixion.

3. *La Trinité* : dans la religion chrétienne, bien que Dieu soit unique, il existe en trois personnes : le Père, le Fils, le Saint-Esprit. La Trinité est donc une façon de désigner Dieu.

4. Dans la transposition de la légende arthurienne du sud de l'Écosse vers les régions voisines des abbayes de Salisbury et Glastonbury, l'auteur situe Carduel à Caerleon au pays de Galles et non à Carlisle.

table. Quand vous serez arrivé et que votre peuple sera rassemblé,
50 je choisirai ceux qui sont dignes d'y avoir leur place. »

Selon les désirs de Merlin, le roi fit savoir dans tout le royaume
qu'il serait à Carduel, au pays de Galles, pour la Pentecôte, et que
les chevaliers et les dames devaient sans exception s'y trouver à
cette date. Il le publia partout et Merlin partit pour s'occuper de la
55 table.

Le jour venu, il choisit cinquante chevaliers et, avec l'accord
du roi, les invita à s'asseoir à la table et à y prendre leur repas, ce
qu'ils firent volontiers. Merlin fit le tour des chevaliers. Il appela le
roi et lui montra la place vide. Tous ceux qui l'avaient remarquée
60 se demandaient ce qu'elle signifiait. Merlin dit au roi d'aller s'asseoir à son tour, mais il ne le voulut pas avant que tous les chevaliers aient été servis.

Huit jours durant, à l'occasion de cette fête, le roi distribua à
profusion d'importants et beaux cadeaux, quantité de magnifiques
65 bijoux aux dames et aux demoiselles. Au moment de partir et de
prendre congé, Merlin et Uter vinrent trouver les chevaliers assis à
la table et le roi leur demanda ce qu'ils comptaient faire.

« Sire, nous n'avons pas envie de bouger d'ici ni d'être ailleurs
qu'à cette table chaque jour à l'heure de tierce [1] ; nous installerons
70 nos femmes et nos enfants avec notre mobilier dans cette ville,
telle est notre intention. Certains d'entre nous ne s'étaient jamais
vus, très peu se connaissaient déjà et voici que nous nous aimons
autant ou plus que père et fils. Jamais nous ne nous quitterons,
seule la mort nous séparera. »
75 Voilà comment Uterpandragon fonda et établit en son temps
la Table ronde.

« Tu avais parfaitement raison, dit-il à Merlin, quand l'assistance se fut dispersée. Je crois que Notre-Seigneur voulait que
cette table soit établie, mais je me pose des questions sur la

---

1. L'heure de tierce : la troisième heure de la journée à partir de six heures
du matin, donc neuf heures.

place vide et j'aimerais que tu me dises, si tu le sais, qui l'occupera.

– Je puis seulement te dire que le père de celui qui doit l'occuper n'a pas encore pris femme et ignore qu'il doit l'engendrer. Cela n'arrivera pas de ton vivant, mais sous le règne du roi ton successeur. Je te prie de réunir toujours tes assemblées et tes cours plénières [1] en cette ville, d'y résider souvent et d'y tenir ta cour trois fois par an aux grandes fêtes de l'année [2].

– Bien volontiers.

– Je vais m'en aller et vous ne me verrez plus avant longtemps aux fêtes que vous donnerez dans cette ville.

– Et où iras-tu donc ? demande le roi. Tu n'assisteras plus aux fêtes que je donnerai ici ?

– Non, je ne veux pas y paraître, car je veux que vos gens ne croient qu'aux événements qui arriveront et n'aillent pas m'en rejeter la responsabilité. »

Le siège périlleux

Merlin quitta Uterpandragon et se rendit en Northumberland auprès de Blaise, il lui raconta la création de la Table et beaucoup d'autres choses que vous lirez dans son livre. Il demeura plus d'un an sans venir à la cour.

Ceux qui ne l'aimaient pas et qui n'aimaient pas davantage le roi, mais qui lui prodiguaient cependant des marques d'affection, vinrent un jour à Carduel où Uterpandragon tenait sa cour de Noël. Ils lui demandèrent pourquoi il ne faisait pas asseoir un brave chevalier à la place vide : ainsi la Table serait complète.

---

1. *Plénières* : adjectif dérivé de plein ; signifie que tous les membres de la cour sont présents, c'est une grande assemblée.
2. Les fêtes auxquelles Uter ou Arthur tiennent leur cour sont Noël, Pâques, la Pentecôte, moins souvent la Toussaint et l'Ascension.

10   « Merlin, répondit le roi, m'a appris à propos de cette place un
fait étonnant : personne ne l'occupera de mon vivant et celui à qui
elle est réservée n'est pas encore né. »

Ces hypocrites partirent alors d'un mauvais rire.

« Sire, croyez-vous pareille sornette ? Il y aurait donc après nous
15   des hommes meilleurs et plus valeureux que nous ne sommes ?

– Je ne sais pas, dit le roi, mais c'est ce que Merlin m'a dit.

– Vous prétendez que Merlin sait tout ce qui se dit et se fait :
alors il sait que nous parlons de lui et de son œuvre. Dans ces
conditions il viendra, s'il est en vie, et interdira qu'on occupe ce
20   siège après le gros mensonge qu'il vous a fait. S'il ne paraît pas
d'ici la Pentecôte, souffrez que nous tentions l'épreuve, nous en
serions heureux. »

Le roi le leur concéda, ils en furent fort satisfaits, pensant avoir
bien manœuvré. Dès la Noël, le roi fit savoir à travers tout le royaume
25   qu'il souhaitait que tous soient à ses côtés pour la Pentecôte.

Toujours au courant de tout, Merlin en fit part à Blaise et l'informa des sournoises pensées de ceux qui avaient conçu ce projet. Il
n'irait pas, se dit-il, puisque cette place devait faire l'objet d'une
compétition inspirée plutôt par la fourberie et de mauvais senti-
30   ments que par une authentique bravoure. S'il y allait, on l'accuserait
d'avoir voulu brouiller l'épreuve. Aussi préféra-t-il s'abstenir.

Quelques jours avant la Pentecôte, le roi se rendit à Carduel et
amena avec lui beaucoup de monde. Les prétendants à l'épreuve
avaient fait répandre partout la nouvelle de la mort de Merlin : des
35   rustres l'auraient tué dans un bois où ils l'avaient trouvé à l'état
sauvage. Ils l'avaient tant répété, tant fait dire que le roi lui-même
avait fini par le croire, surtout en raison du retard de Merlin à venir
pour empêcher qu'on se livre à la tentative.

La veille de la Pentecôte, il demanda aux prétendants lequel
40   d'entre eux s'assiérait. Celui qui était le plus en faveur auprès du
roi et qui briguait [1] ce privilège répondit :

---

1. Briguait : cherchait à obtenir.

« Sachez, vous tous qui êtes ici, que je suis le seul à revendiquer l'honneur de m'asseoir sur ce siège. »

L'homme était de noble lignage, puissant, grand propriétaire terrien. Comme Merlin n'avait pas paru, il releva le défi et s'approcha de la table où siégeaient les cinquante chevaliers.

« Je viens, leur dit-il, m'asseoir parmi vous pour compléter votre compagnie. »

En silence, sans se laisser impressionner, il s'avança, examina la place vide et s'assit. Mais à peine avait-il posé ses cuisses sur le siège qu'il coula comme une masse de plomb qu'on aurait posée sur l'eau et disparut sous les yeux de tous, sans qu'on puisse savoir ce qu'il était devenu. Devant ce spectacle, le roi et son entourage furent pris d'épouvante. Ils se levèrent aussitôt. Le deuil fut grand à la cour, assombrie par ce prodige. Le roi surtout fut décontenancé[1], il s'estima trompé et rappela devant tout le monde avoir interdit de s'asseoir à cette place, interdiction que l'outrecuidant[2] n'avait pas respectée, dégageant ainsi sa responsabilité.

Quand Merlin arriva, le roi en fut heureux et alla à sa rencontre. Merlin lui reprocha d'avoir mal agi en tolérant l'épreuve.

« Je n'en puis mais[3], répondit-il, cet homme m'a trompé !

– C'est ce qui arrive à ceux qui s'imaginent tromper les autres et se trompent eux-mêmes. En voilà un témoignage ; vous ne pouviez ignorer qu'on avait répandu le bruit que des rustres m'avaient tué.

– Oui, cet homme l'avait prétendu.

– Alors, dit Merlin, tirez-en la leçon, ne laissez plus tenter cette épreuve, je vous affirme qu'il vous en adviendrait malheur et honte : cette place à la table, dont la signification est haute et noble, sera bénéfique à vos successeurs en ce royaume.

– J'obéirai de tout cœur aux instructions que je viens d'entendre. »

---

1. *Décontenancé* : qui a perdu sa contenance, c'est-à-dire embarrassé et en colère.

2. *Outrecuidant* : qui a une confiance exagérée en soi, impertinent.

3. *Je n'en puis mais* : je n'y peux rien.

Le roi amoureux

Après le départ du devin, Uterpandragon resta pour faire préparer dans la ville de vastes logis et de belles demeures, car il y tiendrait désormais ses cours et ses assemblées plénières. Puis il partit à son tour et fit savoir à tous ses sujets qu'aux grandes fêtes
5 de l'année, à Noël, à Pâques, à la Pentecôte, à la Toussaint[1], il donnerait des fêtes à Carduel : tous les gens du royaume qui désireraient y assister s'y rendraient sans convocation. L'annonce en serait faite longtemps à l'avance. L'habitude fut prise désormais de ces réjouissances à Carduel.
10 Il décida un jour de convoquer ses barons pour la Noël. Répondant à son appel, une foule de chevaliers, de dames et de demoiselles se pressa à la cour.
Sachez que le duc de Tintagel[2] y amena sa femme, Igerne. Dès qu'il la vit, Uterpandragon en tomba éperdument amoureux,
15 mais n'en laissa rien paraître sinon par les regards qu'il lui adressait plus qu'à aucune autre femme. En femme vertueuse qu'elle était, fort belle et fidèle à son époux, elle se tint sur sa réserve et évita la présence du roi. Très épris d'elle et pour échapper à tout soupçon, il envoya des bijoux à toutes les dames présentes à la
20 fête et à Igerne ceux qui, pensait-il, lui seraient le plus agréables. Lorsqu'elle vit que toutes les dames en avaient reçu, elle n'osa pas refuser les siens. *La femme ?*
À l'époque où Uter tint cette cour, il n'était pas marié. Plein de sa passion pour Igerne, il ne savait que faire. Au moment où la
25 cour se sépara, le roi accompagna sur le chemin le duc de Tintagel, multipliant les marques d'honneur à son égard. Il s'arrangea pour

---

1. *La Toussaint* : fête en l'honneur de tous les saints, le 1er novembre.
2. *Tintagel* : ville du sud-ouest de l'Angleterre. Voir sur la carte, p. 16.

avouer à Igerne qu'elle emportait son cœur. Celle-ci fit semblant de ne pas avoir entendu.

30 Rentré à Carduel, au milieu de toutes ses occupations, ses pensées et son cœur allaient à Igerne et il demeura dans cette disposition d'esprit jusqu'à la Pentecôte.

Lorsque les barons se réunirent à nouveau, le roi fut au comble du bonheur en apprenant qu'Igerne était venue. À table il fit asseoir le duc et Igerne en face de lui. Il fit tant par ses dons, par
35 ses présents, par son attitude qu'elle ne pouvait plus douter qu'il l'aimait. Elle s'en alarma mais elle dut se résigner.

Lorsque la fête fut terminée, chacun songea à retourner dans son pays et prit congé, mais le roi demanda à ses barons de revenir quand il les convoquerait, ce à quoi ils s'engagèrent sans difficulté.
40 Son amour pour Igerne tourmenta Uter toute l'année. Il se plaignit à deux de ses proches et leur dit la souffrance où le plongeait son amour pour elle.

« Conseillez-moi, dit-il : comment être plus souvent auprès d'elle sans encourir de blâme ? »
45 Ils répondirent que s'il la rejoignait sans se cacher, on le lui reprocherait.

« Quel conseil me donnez-vous donc ? demanda-t-il.

– Tenez une cour solennelle [1] à Carduel, faites savoir à ceux qui s'y rendront d'y rester quinze jours, c'est votre formel désir.
50 Chacun de vos barons prévoira un séjour de cette durée et amènera sa femme ; ainsi vous pourrez jouir longtemps de la présence d'Igerne et obtenir son amour. »

Sur leur conseil, le roi convoqua ses barons pour un séjour de quinze jours à Carduel avec leurs femmes et ils répondirent à son
55 appel. À la Pentecôte, le roi porta couronne, couvrit de magnifiques cadeaux les barons, les chevaliers et les dames, ceux ou celles du moins qu'il en jugeait dignes. Il fut gai et plein d'entrain

---

1. *Solennelle* : qui est particulièrement importante et marquée par de grandes cérémonies.

tout au long de la fête et s'ouvrit à un de ses conseillers en qui il avait une entière confiance. Ce conseiller s'appelait Ulfin ; le roi lui confia qu'il se mourait d'amour pour Igerne, qu'il en perdait le sommeil et le repos, qu'il dépérissait de ne pas la voir et qu'il ne vivrait pas longtemps, si sa passion n'était pas satisfaite.

« Sire, répondit Ulfin, c'est lâcheté de votre part de penser mourir de désir pour une femme. Je n'ai jamais entendu dire d'une femme qu'elle résiste à des avances, si l'on sait lui faire la cour, obéir à ses caprices, la combler de bijoux et de marques d'honneur et entourer d'affection les personnes de son entourage, en disant à chacun ce qui lui fait plaisir.

– Ulfin, tu as raison et tu sais ce qu'il convient de faire en pareil cas. Je te demande de m'aider : prends dans mon trésor tout ce que tu voudras, use de mes biens, va parler à Igerne au mieux de mes intérêts.

– Je ferai tout mon possible, dit Ulfin. Efforcez-vous d'obtenir l'amitié du duc, restez le plus possible en sa compagnie et en celle de ses amis, admettez-le à votre table, gagnez sa sympathie. Moi de mon côté je me chargerai de parler à Igerne. »

Le roi afficha une grande satisfaction pendant huit jours. Il ne quittait pas la compagnie du duc, il l'approuvait en tout, lui faisait don sans compter de joyaux à lui et à son entourage. Ulfin de son côté trouva l'occasion de parler à Igerne. Il lui dit et il fit pour elle tout ce qui, pensait-il, était de nature à lui plaire. Il lui apporta à maintes reprises plusieurs beaux bijoux. Elle se défendait et refusait d'en accepter un seul, jusqu'à ce qu'un jour elle prît Ulfin à part.

« Pourquoi tenez-vous à me donner ces bijoux et ces magnifiques cadeaux ?

– Vous êtes la maîtresse du cœur de celui qui est le maître de tous les cœurs. Ce cœur est à vous, il vous obéit et par conséquent tous les cœurs sont à votre dévotion et à votre merci.

– De quel cœur me parlez-vous ?

– De celui du roi.

– Mon Dieu ! dit-elle en levant les bras et en se signant. Il fait semblant d'aimer mon mari et il veut me déshonorer ! Ulfin, prends garde, mets fin à ce langage. Si je le dis à mon époux, et s'il l'apprend, ta mort sera certaine. Mais je me tairai pour cette fois.

– Ce serait un véritable honneur, répondit Ulfin, que de mourir pour servir les amours de mon maître. Jamais une dame ne s'est défendue comme vous le faites d'avoir pour ami le roi, qui vous aime plus que toutes les créatures vivantes et mortelles ! Vous plaisantez sans doute. Ni vous ni votre époux ne pouvez résister à la volonté du roi.

– Mais si, s'il plaît à Dieu ! Je me tiendrai sur mes gardes et j'éviterai plus que tout sa présence. »

Ulfin alla rapporter au roi la réponse d'Igerne. Uter reconnut qu'une femme honnête ne devait pas répondre autrement, mais il était décidé à ne pas cesser pour autant ses avances, car une femme honnête ne se rend pas si vite. Dix jours après la Pentecôte, il avait assis le duc à son côté à table, une magnifique coupe en or était posée devant lui.

« Envoyez cette coupe à Igerne, dit Ulfin agenouillé à ses pieds, et insistez auprès du duc pour qu'elle l'accepte.

– Bonne idée. »

Ulfin se redresse, le roi lève la tête et dit au duc :

« Voici une belle coupe, priez Igerne votre femme de l'accepter et d'y boire pour l'amour de moi. Je la lui ferai porter pleine de ce bon vin par un de vos chevaliers.

– Sire, répond le duc qui ne pensait pas à mal, grand merci, elle la recevra avec plaisir. Bretel, dit-il à un de ses chevaliers qui lui était cher, portez-la à votre maîtresse de la part du roi et dites-lui que je l'invite à y boire pour l'amour de lui. »

Bretel prend la coupe, entre dans la salle où Igerne prenait son repas et s'agenouille devant elle.

« Dame, le roi vous envoie cette coupe. Mon seigneur vous demande de la garder et d'y boire pour l'amour de celui qui vous l'offre. »

À ces mots, très gênée, elle rougit et n'ose pas repousser l'invitation du duc. Elle prend la coupe, y boit et veut la renvoyer au roi par le même intermédiaire.

«Dame, dit Bretel, gardez-la, mon seigneur me l'a bien
130 recommandé, à la prière du roi lui-même. »

Elle comprend alors qu'elle ne peut pas la refuser. Bretel revient auprès du roi et le remercie de la part d'Igerne qui pourtant n'en avait soufflé mot. Tandis que le roi se félicite de son succès, Ulfin entre à son tour dans la salle où Igerne était à table
135 pour voir sa réaction : il la trouve pensive, l'air contrarié, et quand les tables sont enlevées [1], elle fait signe à Ulfin.

«Votre fourbe maître m'a envoyé une coupe, mais dites-vous bien qu'il n'y gagnera rien : demain, avant qu'il ne soit jour, je lui en ferai honte et je dénoncerai à mon mari le complot que vous
140 avez tous deux formé contre lui.

– Soyez donc raisonnable ! Quand une femme fait à son mari un aveu de la sorte, il n'a plus confiance en elle.

– Au diable, fait-elle, toutes ces précautions ! »

Le roi avait fini son repas et s'était lavé les mains. Tout réjoui,
145 il prit le duc par la main.

«Allons voir ces dames, lui dit-il.

– Bien volontiers. »

Ils s'en vont dans la pièce où Igerne avait mangé avec les autres dames pour leur faire visite, mais Igerne est persuadée
150 que le roi n'est venu que pour elle.

Elle dut supporter sa présence tout le jour et, la nuit venue, elle regagna son logis. À son retour, le duc la trouva en larmes. Il la prit dans ses bras en un geste de tendresse et lui demanda ce qu'elle avait.

155 «Je ne vous cacherai rien, car je vous aime par-dessus tout. Le roi prétend m'aimer. Toutes ces cours qu'il tient, toutes ces dames qu'il y attire, ce n'est que par amour pour moi et pour avoir un

---

1. Les tables sont enlevées : on « dressait » les tables sur des tréteaux dans la salle de réception et on les enlevait une fois le repas terminé.

prétexte à ce que vous m'y ameniez. Depuis la précédente fête je n'en doute plus. Je m'étais défendue contre ses avances, insen-
160 sible à ses cadeaux que j'avais refusés, et voici que vous m'avez fait accepter la coupe en me demandant d'y boire pour l'amour de lui. Je voudrais être morte, puisque je ne puis plus me défendre de ses assiduités[1]. Je suis sûre qu'un malheur nous menace. Je vous supplie, puisque vous êtes mon époux, de m'emmener à Tintagel,
165 je ne veux plus demeurer en cette ville. »

Le duc aimait passionnément sa femme. Rendu furieux par ses révélations, il convoqua discrètement ses chevaliers qui se trouvaient dans la ville.

« Apprêtez-vous, leur dit-il, à monter en selle dans le plus grand
170 secret ! Laissez tous les bagages, sauf vos armes et vos chevaux. Il ne faut pas que le roi le sache, ni personne. Secret absolu ! »

Ils exécutèrent les ordres. Le duc fit amener son cheval et le palefroi d'Igerne et partit dans la plus grande discrétion vers son pays, en emmenant sa femme.

De l'amour à la guerre

Au matin, lorsque le roi apprit le départ du duc, désolé et mortifié[2] d'avoir perdu Igerne, il manda[3] ses barons et son conseil au grand complet et leur exposa la honte et l'humiliation que le duc lui avait infligées. Ils s'en dirent fort étonnés : le duc
5 avait commis une grave folie et ils ne voyaient pas comment il pourrait se racheter, car ils ignoraient les raisons de ce départ.

Uter leur rappela qu'ils avaient été les témoins des égards exceptionnels avec lesquels il avait traité le duc. Ils en convinrent.

---

1. Assiduités : marques d'empressement visant à séduire une personne.
2. Mortifié : signifie littéralement « rendu comme mort », c'est-à-dire humilié.
3. Manda : convoqua.

«Si vous en êtes d'accord, je lui demanderai de faire amende
10 honorable[1], de revenir à ma cour, tout comme il en est parti,
pour se justifier.»

Le conseil approuva. Deux hauts personnages allèrent à
Tintagel où ils trouvèrent le duc et ils lui transmirent le message
dont on les avait chargés.

15 «Je ne retournerai pas à la cour, répondit-il aux messagers. Le
roi s'est si mal conduit envers moi et les miens, en actes et en
paroles, que je ne peux plus avoir confiance en lui ni me mettre à
sa merci à la cour. Je prends Dieu à témoin de mon refus : il sait
que le roi m'a fait tant de mal, alors qu'il était mon suzerain[2],
20 que je ne puis plus me fier à lui.»

Après le départ des messagers, le duc convoqua les membres
de son conseil privé et leur dit pourquoi il avait quitté Carduel, la
perfidie et le déshonneur que le roi avait tramés contre lui, son
comportement déloyal à l'égard de sa femme. Ils en furent aba-
25 sourdis : pareille conduite était intolérable ; traiter de la sorte un
vassal méritait un châtiment exemplaire.

«Je vous demande à tous, au nom de Dieu, de votre honneur et
de vos devoirs, de m'aider à défendre ma terre, si le roi m'attaque
pour me faire la guerre.»

30 Ils s'écrièrent qu'ils n'y manqueraient pas, eux et tous ceux
qu'ils pourraient engager dans cette lutte, même au péril de leur
vie.

Revenus à Carduel auprès du roi et des barons, les messagers
rapportèrent la réponse du duc. On fut unanime à condamner
35 sa folie, alors qu'on le tenait par ailleurs pour un homme raisonnable. Le roi demanda à ses fidèles vassaux de venger l'offense

---

1. *Faire amende honorable* : avouer publiquement qu'on a commis une
faute et demander pardon.
2. *Suzerain* : seigneur puissant qui domine plusieurs vassaux et leur accorde
sa protection en échange de différents services. Le vassal doit obéissance à son
suzerain.

que ce manquement infligeait à sa cour s'il n'obtenait pas réparation dans un délai de quarante jours.

Ayant reçu le message, le duc s'interrogea : il ne possédait que
40 deux châteaux capables de résister et que le roi ne parviendrait jamais à prendre. Il décida de laisser sa femme à Tintagel avec dix chevaliers, convaincu que le château était à l'abri de n'importe quel assaut et qu'avec dix chevaliers et les gens de la ville l'entrée en serait bien défendue. Il s'en tint à ce plan et gagna avec ses
45 gens son autre château, moins puissant, pour le fortifier. Il ne lui était pas possible de défendre le reste de sa terre.

Uter fit rédiger des lettres et dépêcha ses messagers par tout le royaume afin de masser ses troupes à la frontière de la terre du duc, dans une prairie, au bord d'une large rivière. Devant l'ensemble
50 des troupes et des barons, il rappela la honte et l'outrage infligés à sa cour et l'exigence de réparation. Il envahit le territoire du duc, s'empara de ses châteaux et de ses villes, ravagea le pays et apprit que son ennemi s'était réfugié dans un de ses châteaux et sa femme dans un autre. Il consulta ses conseillers : quel château irait-il
55 assiéger ? Les barons lui conseillèrent d'assiéger celui où se trouvait le duc.

Tandis qu'à cheval ils étaient en route vers la forteresse, le roi s'adressa à Ulfin :

« Que faire ? dit-il. Pourrai-je voir Igerne ?
60 — Il faut savoir se passer de ce qu'on ne peut avoir. Mettez tous vos efforts à vous saisir du duc, alors vous viendrez bien à bout du reste. Ceux qui vous ont recommandé d'aller l'affronter vous ont donné un bon conseil : il serait indécent de se rendre au château où est Igerne, vos intentions seraient percées à jour. »
65 Le roi assiégea donc le duc en son château, les assauts furent nombreux et rudes, mais le duc se défendit courageusement.

Un jour qu'il se trouvait sous sa tente, le roi se mit à pleurer. Ulfin l'apprit et le trouva dans cet état. Consterné, il lui demanda la raison de ses larmes.

«Vous la connaissez puisque vous savez que je me meurs d'amour pour Igerne. J'en ai perdu le goût de boire et de manger, le sommeil et tout le repos indispensable. Je suis donc sûr de mourir car ce mal est sans remède.

– C'est lâcheté que de penser mourir pour l'amour d'une
75 femme, mais je vais vous donner un bon conseil : faites chercher Merlin. Il est impossible qu'il n'imagine pas une heureuse solution.

– Je ferai de mon mieux, mais je suis sûr que Merlin connaît ma détresse et j'ai peur de l'avoir irrité lors de l'épreuve du siège
80 vide à la Table ronde, car il y a bien longtemps qu'il n'est pas venu me voir. Peut-être condamne-t-il mon amour pour la femme de mon vassal. Mais quoi ! Je n'en puis mais[1], mon cœur est sans défense et je n'oublie pas qu'il m'a défendu de l'envoyer chercher.

85 – Soyez persuadé que s'il est en bonne santé, si son affection pour vous n'a pas changé et s'il sait dans quel désarroi vous êtes, vous aurez vite de ses nouvelles. »

Le roi reprit courage pour un temps, recommença les assauts contre le château, mais ne parvint pas à le prendre.

Nouvelles facéties de Merlin

Un jour qu'il chevauchait à travers le camp, Ulfin rencontra un homme qu'il ne connaissait pas.

«Seigneur Ulfin, lui dit l'homme, j'aimerais vous parler à l'écart. »

5 Ils s'éloignèrent du camp, l'homme à pied, Ulfin à cheval. L'homme était très âgé, Ulfin mit pied à terre devant lui et lui demanda qui il était.

---

1. *Je n'en puis mais* : voir la note 3, p. 82.

suis un très vieil homme, vous pouvez le voir. Quand j'étais
je passais pour un sage ; à présent on dit que je radote. Mais je
vous confier un secret : j'ai été récemment à Tintagel, j'y ai fait la
connaissance d'un des conseillers du duc qui m'a dit qu'Uter, votre
roi, aimait Igerne, la femme du duc, et que pour cette raison le roi
ravageait sa terre. Si le roi et vous-même consentiez à me donner une
bonne récompense, je connais quelqu'un qui vous ménagerait une
15 entrevue avec Igerne et qui conseillerait bien le roi pour ses amours. »

En entendant les paroles du vieillard, Ulfin se demanda avec
surprise d'où il tirait ces renseignements et le pria de lui donner
le nom de ce précieux conseiller.

« Mais d'abord, dit le vieil homme, je veux entendre de mes
20 oreilles la récompense que le roi m'accordera.

– Où vous retrouverai-je, quand je lui en aurai parlé ?

– Vous me trouverez, moi ou mon messager, demain, sur ce
chemin, entre ici et le camp. »

Ulfin revint en hâte auprès du roi et lui fit part de sa conversa-
25 tion avec l'homme. Le roi, point du tout mécontent d'entendre de
tels propos, se mit à rire.

« Connais-tu, demanda-t-il, l'homme qui t'a parlé ?

– Oui, c'est un vieillard très affaibli par l'âge.

– Quand doit-il te rencontrer ?

30 – Demain matin, et il désire savoir la récompense que vous
lui accorderez.

– J'irai avec toi à votre rendez-vous, et si tu lui parles hors de
ma présence, offre-lui de ma part tout ce qu'il désirera recevoir. »

Ce soir-là le roi fut plus heureux qu'il ne l'avait été depuis
35 longtemps.

Le matin, après la messe, à l'heure fixée par Ulfin, le roi le
suivit à travers le camp et quand ils en sortirent, ils virent un
individu contrefait qui avait l'air presque aveugle.

« Roi, s'écria-t-il quand Uter passa devant lui, que Dieu exauce
40 ton plus cher souhait. Accorde-moi ce qui te vaudra ma reconnaissance. »

Le roi le regarda, appela Ulfin et lui dit en riant :

« As-tu entendu ce que cet infirme m'a demandé et qui a réveillé en moi mon souhait le plus cher ? Va t'asseoir près de
45 lui et dis-lui que je te donne à lui comme mon bien le plus précieux afin de toucher ses sentiments. »

En silence Ulfin alla s'asseoir près de l'infirme et se mettre à son service.

« Le roi m'envoie à vous, il veut que je vous appartienne.

50 – Ulfin, dit l'homme en riant, le roi a tout deviné et me reconnaît mieux que toi ! Apprends que c'est le vieillard que tu as vu hier qui m'a envoyé ici, il est inutile que je te répète ce qu'il m'a dit. Retourne auprès du roi de ma part. »

Ulfin monta à cheval et rejoignit le roi.

55 « Pourquoi es-tu revenu ? Je t'avais donné à l'infirme.

– Il vous fait savoir par ma bouche qu'il a tout deviné. »

Le roi fait alors demi-tour et revient à toute allure sur ses pas. Arrivés à l'endroit où était apparu l'infirme, ils ne trouvèrent pas trace de lui.

60 « Sais-tu, dit le roi, qui est cet homme qui t'a parlé hier sous l'aspect d'un vieillard ? C'est l'infirme que tu as vu aujourd'hui !

– Est-il possible de changer à ce point d'apparence ? Qui peut-il bien être ?

– N'en doute pas un instant, c'est Merlin qui se moque de
65 nous, et quand il voudra, il nous révélera sa véritable identité. »

Merlin se présenta à la tente du roi sous sa véritable apparence, celle que l'on connaissait, et fit annoncer à Uter qu'il était arrivé. Lorsqu'on vint avertir le roi que Merlin le demandait, il appela Ulfin et lui dit :

70 « Tu vas voir ! Merlin est venu, comme je te l'avais prédit ! Je savais qu'il était inutile de partir à sa recherche. »

Ils chevauchèrent jusqu'à la tente du roi qui, transporté de joie, y trouva Merlin ; il lui souhaita la bienvenue, le serra contre lui, lui jeta les bras au cou avec effusion.

75 « Sire, dit Ulfin, parlez donc à Merlin de vos soucis.

– Je ne sais que lui dire ni quelle plainte lui adresser, puisqu'il lit dans mon cœur et qu'il est impossible de rien lui cacher. Mais ce dont je le supplie, au nom de Dieu et de son affection pour moi, c'est de m'aider à conquérir l'amour d'Igerne.

80 – Si vous satisfaites ma demande, dit Merlin, je vous ferai obtenir l'amour d'Igerne et coucher avec elle dans sa chambre.

– Je suis prêt, dit le roi à Merlin, à vous accorder tout ce que vous me demanderez.

– Sur quelle garantie ?

85 – Celle que vous exigerez vous-même, dit le roi.

– Jurez-moi sur les reliques, et faites-le jurer à Ulfin, que vous accéderez à la demande que je formulerai le lendemain du jour où je vous ferai coucher avec Igerne et obtenir ses faveurs. »

Le roi conclut l'accord et Merlin demanda à Ulfin de lui
90 prêter le même serment. On fit alors apporter les plus précieuses et les plus rares reliques du royaume, et le roi jura de satisfaire la demande de Merlin en toute bonne foi, sans tricherie, après le service rendu. Ulfin jura à son tour qu'avec l'aide de Dieu et des saints le roi tiendrait scrupuleusement sa promesse. On prêta
95 serment et Merlin en prit acte.

« Maintenant, je m'en remets à toi, dit le roi à Merlin, impatient de voir ses vœux exaucés.

– Vous devez agir avec tact, car c'est une femme fort sage et entièrement fidèle à Dieu et à son mari ; mais vous verrez à
100 présent mon habileté à la séduire : je vais vous donner l'apparence du duc. Deux chevaliers sont ses intimes et ceux d'Igerne : l'un se nomme Bretel et l'autre Jordain. Je donnerai à Ulfin l'apparence de Jordain et je prendrai moi-même celle de Bretel. Nous nous rendrons avec vous à Tintagel, je vous ferai ouvrir les
105 portes, vous coucherez à l'intérieur du palais, et nous aussi, Ulfin et moi, grâce à cette métamorphose[1]. Mais il vous faudra sortir

---

1. L'aventure rappelle celle de Zeus prenant les traits d'Amphitryon pour abuser Alcmène (voir l'*Amphitryon* de Plaute).

de très bon matin et c'est alors que nous apprendrons de bien étranges nouvelles. Apprêtez-vous à laisser la garde du camp à vos barons, défendez qu'on s'approche du château tant que vous
110 ne serez pas de retour, ne dites à personne où vous avez l'intention d'aller. »

Le roi se hâta d'exécuter les ordres de Merlin et, cela fait, il alla le trouver. Ils firent leurs derniers préparatifs.

Ils partirent le soir venu et chevauchèrent jusqu'à Tintagel.
115 S'étant frottés avec une herbe qu'avait apportée Merlin, ils se dirigèrent, la nuit venue, vers la porte de la forteresse. Méconnaissable sous les traits de Bretel, Merlin appela le portier et les sentinelles accoururent.

« Ouvrez, dit Merlin, voici le duc ! »
120 Ils ouvrent, pensant être en présence de Bretel, du duc et de Jordain, et les font entrer. Une fois dans les murs, le faux Bretel interdit de répandre en ville la nouvelle de l'arrivée du duc, mais ordonne de prévenir la duchesse. Ils chevauchent jusqu'au palais et mettent pied à terre. Merlin recommande bien au roi en aparté
125 de jouer son rôle de seigneur du lieu. Ils entrent tous les trois dans la chambre où reposait Igerne, déjà au lit. Sans perdre de temps, les deux complices font déchausser et mettre au lit leur maître, puis ils sortent et gardent la porte jusqu'au matin. C'est grâce à cette ruse qu'Uterpandragon coucha avec Igerne et engendra cette nuit
130 le bon roi qu'on appela plus tard Arthur. Ils furent ensemble jusqu'au matin.

Au point du jour, on apprit dans la ville la mort du duc, la prise de son château et la rumeur se répandit à l'intérieur du palais. Quand ils la connurent, Jordain et Bretel qui s'étaient
135 couchés à la porte pour la garder se levèrent et coururent à la chambre de leur maître.

« Levez-vous ! Vite à votre château, car vos gens vous croient mort !

– Rien d'étonnant à cela, dit-il en bondissant de son lit, j'ai
140 quitté mon château dans le plus grand secret. »

Il embrassa Igerne et tous trois quittèrent en hâte le palais sans avoir été reconnus. Une fois dehors, ils débordaient de joie.

« J'ai bien tenu mes engagements, dit Merlin au roi. N'oubliez pas maintenant de tenir les vôtres.

145   – Assurément. Tu m'as procuré le plus grand bonheur, rendu le plus grand service qu'on puisse rendre. Je tiendrai scrupuleusement ma promesse.

– Oui, il le faut bien. Apprenez que vous avez engendré un enfant mâle et vous me l'avez donné, il ne vous appartient plus.
150 Faites noter par écrit la nuit et l'heure où vous avez couché avec Igerne et vous saurez si j'ai dit la vérité.

– J'en ai fait le serment, je ferai ce que tu veux et je t'abandonne l'enfant. »

Ils chevauchèrent jusqu'à une rivière où Merlin les fit laver. Ils
155 retrouvèrent alors leur apparence habituelle. À toute bride le roi regagna son camp. Dès son arrivée, ses vassaux et ses gens s'attroupèrent autour de lui et il les interrogea sur la mort du duc.

« Le duc s'est rendu compte de votre absence, il a fait armer ses gens. Par une porte dérobée, il a fait sortir les hommes à pied
160 et, par l'autre, il est sorti avec la cavalerie. Ils ont assailli le camp par surprise, lui causant d'importants dommages. Les nôtres, une fois armés, ont foncé sur eux, les ont repoussés jusque devant la porte ; le duc a fait volte-face, il a montré une rare vaillance, mais son cheval a été tué et, désarçonné, il a péri sous les coups de nos
165 gens à pied [1] qui ne le connaissaient pas. Nous avons refoulé les autres à l'intérieur du château, mais, le duc mort, ils se sont mal défendus et nous avons pris la ville. Ainsi perdit son château et périt le duc de Tintagel. »

---

1. Nos gens à pied : il y a deux types de soldats, ceux qui sont assez riches pour avoir un cheval et ceux qui combattent à pied.

résumé : Uter doit épouser Igerne.
(somewhere in one of these chapitres
Igerne needs to give Arthur to the
first person she see's after birth
(merlin))

La réparation

S'adressant à ses barons, le roi leur dit qu'il avait beaucoup de peine pour le malheur survenu au duc et s'enquit d'une éventuelle réparation pour ne pas être blâmé par ses vassaux.

« Puisque le mal est fait, dit Ulfin, il faut réparer au plus tôt.
5 Quelle réparation proposez-vous pour la dame et pour ses parents ? demanda-t-il aux nombreux barons qu'il prit à part. Le roi vous a demandé votre avis, donnez-le-lui de votre mieux, puisqu'il est votre seigneur.

– Nous le lui donnerons volontiers, mais indiquez-nous la
10 meilleure proposition à faire, celle qui, d'après vous, sera la plus acceptable pour lui.

– J'inviterais le roi à prévenir les amis du duc, partout où ils sont ; à les réunir à Tintagel où il se rendrait lui-même et là, devant la dame et ses parents, à ouvrir une enquête sur la mort du duc et à
15 discuter des conditions de la paix. En cas de refus, ils passeraient pour déraisonnables, et le roi pour un homme probe, sage et loyal. La paix est à ce prix.

– Nous nous en tenons à votre décision. »

Revenant devant le roi, ils exposèrent le plan d'Ulfin, sans
20 dire qu'il en était l'auteur, comme il le leur avait recommandé.

Uter demanda aux parents du duc l'autorisation de se rendre sous sauf-conduit [1] à Tintagel : il désirait prendre en considération leurs plaintes en vue d'une réparation. Il se rendit à cheval sous les murs de Tintagel et Merlin vint le trouver en privé.

25 « Savez-vous, lui dit-il, qui a imaginé cette bonne solution ?

– Ce sont bien évidemment tous mes bons vassaux.

---

1. *Sauf-conduit* : laissez-passer permettant de se rendre dans le camp ennemi.

– Non, ils n'en auraient pas eu l'idée, c'est Ulfin, le sage et loyal Ulfin, qui a trouvé les meilleures conditions d'une paix honorable.

30 – Et toi, Merlin, dit Uter tout heureux de ces explications, qu'en penses-tu ?

– C'est la meilleure idée, la plus honnête, la plus charitable et qui comblera les désirs de votre cœur. Je veux, avant de m'en aller, vous parler en présence d'Ulfin. »

35 Le roi fit appeler Ulfin et Merlin expliqua :

« Sire, vous m'avez promis de me donner l'enfant que vous avez engendré, car il n'est pas possible que vous le reconnaissiez pour votre fils. Vous avez noté par écrit la nuit et l'heure où il fut engendré ; tout cela, vous le devez à mon art. Je serais coupable de

40 ne pas lui venir en aide, car sa mère pourrait rougir de sa naissance et une femme est peu armée pour cacher un scandale aux yeux du monde. Je désire donc qu'Ulfin fasse une copie de ce document avec mention de la nuit et de la date où il a été conçu. Vous ne me verrez plus avant le jour de sa naissance. Faites confiance à Ulfin, il vous

45 aime et vous conseillera au mieux pour votre bien et votre honneur. »

Ulfin nota la date de la conception de l'enfant.

« Sire, dit ensuite Merlin au roi en tête à tête, vous épouserez Igerne, veillez à ce qu'elle ignore que vous avez couché avec elle et que vous avez engendré un fils : de la sorte vous serez maître de la

50 situation et elle sera à votre merci, car si vous la questionnez sur l'auteur de sa grossesse, elle sera confuse de ne pas savoir nommer le père. Vous m'aiderez ainsi à avoir plus facilement l'enfant. »

Merlin prit congé du roi. Uter se rendit à Tintagel à cheval et Merlin se retira auprès de Blaise ; il lui raconta tous ces événements

55 et Blaise les mit par écrit : c'est grâce à lui que nous en avons aujourd'hui connaissance.

Arrivé à Tintagel, le roi convoqua ses vassaux et son conseil, et leur demanda d'avoir une entrevue avec la duchesse et ses gens, toute résistance étant vaine. Si, appuyée par son conseil, elle sou-

60 haitait conclure la paix, il accepterait leurs propositions.

Des messagers rencontrèrent la duchesse et les parents du duc, leur exposèrent comment sa mort était due à son audace. Le roi, dirent-ils, en ressentait une peine profonde, il était prêt à un accord. Voyant qu'ils étaient dans l'impossibilité d'opposer une résistance, les sages conseillers de la dame la poussèrent, elle et ses amis, à faire la paix. Pour les laisser délibérer, les messagers se retirèrent.

« Dame, lui dirent ses parents et ceux du duc, ces messagers n'ont pas tort de dire que le duc a été tué à cause de son audace et que vous ne pouvez plus opposer de résistance. Écoutez-les et demandez-leur quelle paix le roi nous offrirait.

– Je n'ai jamais écarté un conseil de mon bon mari et je n'écarterai pas le vôtre, puisque personne mieux que vous ne mérite ma confiance. »

Leur délibération achevée, un des plus influents et des plus sages conseillers rapporta la décision de la duchesse aux messagers :

« Seigneurs, ma dame a consulté son conseil qui l'incite à vous faire crédit, mais elle aimerait entendre quelle réparation le roi offre pour la mort de son mari.

– Cher seigneur, répondent les messagers, nous ignorons les intentions du roi, mais il vous fait savoir qu'il s'en remettra au conseil de ses barons.

– Dans ces conditions tout est bien et il n'y a rien de plus à exiger. Vous êtes gens raisonnables, vous obtiendrez de lui une réparation qui soit à son honneur. »

On prit rendez-vous pour la quinzaine : la dame et ses parents se présenteraient devant le roi pour entendre sa réponse.

La quinzaine écoulée, il envoya avec l'approbation des barons un sauf-conduit à la duchesse. Lorsqu'elle fut arrivée au camp, le roi fit demander à la dame et à son conseil quelles étaient leurs propositions de paix.

« Seigneurs, répondirent-ils, la duchesse n'est pas venue pour formuler une demande, mais pour entendre ce qu'on lui offrira en dédommagement de la mort de son époux. »

On alla rapporter ces propos au roi qui les jugea raisonnables
95 et sollicita l'avis de ses barons.

« Sire, personne, sauf Dieu, ne peut connaître vos dispositions,
savoir quelle paix vous désirez conclure, quelles offres vous avez
l'intention de faire à la dame.

– Je vais tout de suite vous dire ma pensée et mon sen-
100 timent. Vous êtes mes vassaux, membres de mon conseil, je m'en
remets à vous : songez aux intérêts de votre seigneur. »

Ils allèrent s'entretenir avec la dame et son conseil. Ils reprirent
bon nombre de leurs arguments en ajoutant que le roi s'en remet-
tait à eux et accepterait les conditions qu'ils proposeraient : ils
105 demandaient à la duchesse et à son conseil s'ils étaient prêts à en
faire autant.

La duchesse et les parents du duc ayant donné la même assurance, les interlocuteurs se séparèrent, forts de cet accord. Les
conseillers du roi se réunirent de nouveau pour échanger leurs
110 opinions et quand ils eurent bien tout examiné et que chacun eut
donné son avis, ils demandèrent à Ulfin ce qu'il en pensait.

« Voici mon avis, dit-il, et je n'en ferai mystère à personne. Le
duc est mort, succombant aux forces du roi ; quel que soit son tort
envers lui, il n'avait pas commis une faute qui méritait la mort,
115 n'est-il pas vrai ? Vous savez d'autre part que sa femme a la charge
de plusieurs enfants et que le roi a ravagé et dévasté sa terre. Elle
est, vous le savez aussi, la meilleure femme du royaume, la plus
belle, la plus sage et les parents du duc ont subi une lourde perte
avec sa mort. Il est donc juste que le roi compense en partie et
120 équitablement cette perte afin de gagner leur amitié. Le roi n'a pas
de femme : je dis quant à moi que le seul moyen de réparer le
préjudice fait à la dame, c'est de l'épouser[1]. Je pense que là est
son devoir, tant pour réparer le tort que pour nous concilier leur
bienveillance et celle des gens du royaume, touchés qu'ils seront

---

1. Dans *Yvain ou le Chevalier au lion* de Chrétien de Troyes, Yvain épouse
Laudine, la veuve d'Esclados le Roux qu'il vient de tuer (coll. « Étonnants
classiques », p. 38-60).

¹²⁵ par ce geste. Qu'Uter ensuite marie aussitôt la fille aînée du duc au roi Loth d'Orcanie, ici présent, et que sa conduite avec les autres parents soit jugée juste et loyale. Voilà mon opinion, mais si vous en avez une autre, dites-la en toute liberté.

– C'est, répondent-ils d'une seule voix, l'avis le plus audacieux ¹³⁰ qu'on puisse risquer. Si vous osez le présenter au roi comme vous le faites ici, nous y souscrirons bien volontiers. »

Cette déclaration fit l'unanimité et les barons allèrent retrouver le roi dans sa tente. On fit venir la dame et ses conseillers, ils s'assirent et Ulfin, debout, exposa les conditions de la paix selon ¹³⁵ le plan qu'il avait établi.

« Approuvez-vous ces dispositions ? demanda-t-il après son exposé. Êtes-vous bien d'accord ?

– Oui, répondirent-ils à l'unanimité.

– Sire, dit Ulfin en se tournant vers le roi, et vous, qu'en dites-¹⁴⁰ vous ? Confirmez-vous l'accord de vos barons ?

– Oui, je donne mon entier consentement, si la duchesse et ses parents s'estiment dédommagés et si le roi Loth accepte de ma main la fille du duc.

– Sire, répondit Loth, je ne repousserai aucune de vos prières ¹⁴⁵ qui soit à votre honneur et pour le bien de votre pays. »

Ulfin s'adressa alors devant toute l'assemblée au porte-parole de la duchesse :

« Êtes-vous satisfait de ces clauses [1] de paix ? »

Ses regards tournés vers la dame et ses conseillers, si graves et ¹⁵⁰ si bouleversés que les larmes leur étaient montées aux yeux, il répondit, lui-même en larmes et avec autant de sagesse que de dignité, que jamais un seigneur n'avait offert à son vassal une si honorable réparation.

« Acceptez-vous cet accord ? » demanda-t-il à la duchesse et ¹⁵⁵ aux parents du duc.

Elle garda le silence, mais les parents répondirent en chœur :

---

1. *Clauses* : conditions d'un traité.

« Tout homme qui croit en Dieu a le devoir de l'accepter. Nous l'acceptons donc et nous savons le roi si honnête et si loyal que nous nous en remettons entièrement à lui. »

160   La paix fut alors définitivement conclue de part et d'autre.

La naissance d'Arthur

Uterpandragon épousa Igerne et le roi Loth d'Orcanie épousa la fille de la duchesse. Les noces du roi et d'Igerne eurent lieu trente jours après qu'il eut couché avec elle dans sa chambre. De la fille qu'il avait donnée en mariage au roi Loth naquirent Mordret, mon-

5   seigneur Gauvain, Garehet et Gaheriet. Le roi Neutres de Garlot épousa l'autre fille bâtarde du duc, nommée Morgane, qui fut ins- truite dans un couvent. Elle y fit de tels progrès qu'elle apprit les sept arts [1] et acquit d'exceptionnels talents en un art appelé astro- nomie qu'elle pratiqua toute sa vie. Elle fut aussi experte en phy-

10   sique et cette somme de connaissances lui valut le surnom de Morgane la fée [2]. La grossesse d'Igerne devint bientôt visible. Une nuit qu'il était couché à son côté, le roi posa la main sur son ventre et lui demanda de qui elle était enceinte, car elle ne pouvait l'être de lui, depuis qu'il l'avait épousée : chaque fois qu'il avait couché avec

15   elle, il l'avait noté par écrit. Elle ne pouvait pas non plus être enceinte du duc qu'elle n'avait pas vu longtemps avant sa mort.

Quand Igerne entendit ces insinuations, elle fut prise de confusion.

« Seigneur, dit-elle en larmes, je ne puis vous mentir, puisque

20   vous savez tout. Mais, au nom de Dieu, ayez pitié de moi.

---

1. Les sept arts : les sept disciplines enseignées dans le *trivium* (grammaire, rhétorique, dialectique) et le *quadrivium* (arithmétique, astronomie, géométrie, musique). La physique, science de la nature, désigne plus particulièrement la médecine.

2. Morgane est, dans le *Lancelot*, une élève de Merlin.

– Parlez, dit le roi, je ne vous abandonnerai pas, quel que soit votre aveu. »

Elle lui raconte comment avait couché avec elle un homme qui ressemblait à son mari. Il avait amené deux hommes d'une
25 ressemblance parfaite avec les deux compagnons auxquels son mari était le plus attaché. Cet homme avait engendré l'enfant dont elle était grosse. C'était, elle était sûre, la nuit même où son mari fut tué.

« Amie chère, dit le roi quand elle eut terminé son récit, tâchez
30 de cacher votre grossesse ; que personne, homme ou femme, n'en sache rien, vous en seriez déshonorée. L'enfant qui naîtra de vous ne doit être ni à vous ni à moi. Dès sa naissance remettez-le, je vous en prie, à qui aura reçu mes ordres, de sorte qu'on n'entendra plus parler de lui.

35 – Seigneur, vous pouvez user de moi et de tout ce qui me concerne à votre gré, puisque je suis à vous. »

Le roi rejoignit Ulfin et l'informa de sa conversation avec la reine.

« Vous voyez bien, dit Ulfin, que la dame est honnête et
40 franche ; elle ne vous a rien caché de sa mésaventure ; vous avez en outre grandement favorisé le dessein de Merlin qui ne pouvait réussir autrement. »

On attendit le sixième mois, date à laquelle Merlin avait décidé de revenir. Il vint en effet, s'entretint secrètement avec
45 Ulfin et le roi.

« Il y a dans ce pays, dit Merlin, un des hommes les plus honnêtes et les plus fidèles de votre royaume, il a pour épouse une femme pleine de toutes les qualités, la plus vertueuse et la plus loyale qui soit. Elle vient d'accoucher d'un fils et son mari
50 n'est guère fortuné. Faites-le venir et donnez-lui de l'argent à condition qu'ils jurent sur les reliques, sa femme et lui, d'élever l'enfant comme leur propre fils et de confier le leur à une nourrice.

– Je ferai, dit le roi, ce que tu m'as dit. »

Merlin prit alors congé du roi, retourna auprès de Blaise, son
maître, et Uter fit venir l'homme qu'il accueillit avec des transports
de joie au grand étonnement de celui-ci.

« Ami cher, lui dit Uter, je dois vous faire part d'un fait inouï
qui m'est arrivé. J'ai fait un rêve extraordinaire : un homme m'est
apparu et m'a dit que vous étiez l'homme le plus raisonnable du
royaume, le plus fidèle à mon égard et que vous veniez d'avoir un
fils. Je devais vous prier, m'ordonna-t-il, de sevrer votre fils et de
le confier à une nourrice, et votre femme allaiterait et élèverait un
enfant qui lui serait remis.

– Sire, répondit l'homme, vous me demandez beaucoup :
sevrer mon enfant et le donner à une autre nourrice ! Je consulte-
rai ma femme, mais dites-moi qui doit m'apporter l'enfant dont
vous parlez.

– Que Dieu me vienne en aide, je n'en sais rien !

– J'obéirai à vos ordres. »

Le roi le combla de si beaux cadeaux qu'il en fut tout ébloui.
Il alla trouver sa femme et lui raconta ce que lui avait dit le roi.

« Comment, dit-elle, me résoudre à ne plus allaiter mon fils au
profit d'un autre ?

– Nous devons tout faire, dit l'homme, pour notre seigneur, il a
tout fait pour nous, il nous a tant comblés et tant promis que nous
ne devons rien lui refuser.

– L'enfant et moi sommes à vous, répondit-elle, vous ferez de
lui et de moi ce qu'il vous plaira, j'y consens, puisque je ne dois
en rien m'opposer à vos désirs. »

Heureux de son consentement, l'homme lui demanda de trouver une nourrice pour son enfant, car il s'attendait à tout moment
à ce qu'on lui apporte l'autre.

La reine était maintenant sur le point d'accoucher. La veille,
Merlin vint à la cour en secret et eut un entretien en tête à tête
avec Ulfin.

« Ulfin, je suis content du roi qui a très habilement transmis à
Antor ma demande. Dis-lui de se rendre auprès de la reine et de lui

annoncer qu'elle mettra au monde son enfant demain soir après minuit : qu'elle le remette au premier homme qui se trouvera à la sortie de la chambre.

– Ne parlerez-vous donc pas au roi ? demanda Ulfin.

– Non, pas cette fois-ci. »

Ulfin vint rapporter au roi, qui en fut heureux, les recommandations de Merlin. Le roi alla retrouver la reine.

« Madame, demain soir après minuit vous mettrez au monde avec l'aide de Dieu l'enfant que vous portez. Je vous prie instamment de le faire remettre dès sa naissance par la plus sûre de vos suivantes au premier homme qu'elle trouvera à la sortie de la salle et d'interdire à toutes celles qui assisteront à la naissance de parler à qui que ce soit du nouveau-né : il en résulterait un grand déshonneur pour vous comme pour moi.

– Seigneur, comme je vous l'ai dit, je suis confuse de cette mésaventure et ne sais vraiment pas qui a engendré l'enfant. J'agirai selon vos souhaits. Mais ce qui m'étonne fort, c'est que vous connaissiez si bien l'heure de ma délivrance.

– Observez, je vous en prie, mes ordres.

– Très volontiers, seigneur, si Dieu me prête vie. »

Là-dessus s'acheva leur entretien et elle attendit jusqu'au lendemain où, selon la volonté de Dieu, commencèrent vers le soir les premières douleurs.

La délivrance survint exactement après minuit, bien avant le lever du jour. La reine appela aussitôt une de ses femmes qui avait toute sa confiance.

« Amie chère, lui dit-elle, prenez cet enfant, portez-le jusqu'au seuil de la salle et si vous y trouvez un homme qui vous le réclame, donnez-le-lui et tâchez de voir quelle sorte d'homme c'est. »

Obéissant à cet ordre, la femme enveloppa l'enfant dans les plus précieux langes qu'on possédait. Quand elle ouvrit la porte, elle vit un homme qui lui sembla prodigieusement vieux et faible.

« Qu'attendez-vous ici ? lui dit-elle.

– Ce que tu m'apportes.

– Qui êtes-vous et à qui dirai-je à ma maîtresse que j'ai remis son enfant ?

– Tes questions sont inutiles, fais seulement ce qu'on t'a
125 commandé. »

Elle lui tend l'enfant, il le prend et elle ne sait ce que l'homme est devenu. Elle retourne auprès de sa maîtresse.

« J'ai remis, lui dit-elle, l'enfant à un très vieil homme, mais je ne sais qui il est. »

130 La reine fond en larmes, en mère accablée de chagrin, tandis que l'homme qui avait reçu l'enfant s'en va tout droit chez Antor. Il le rencontre qui allait à la messe et l'interpelle sous l'apparence d'un vénérable vieillard.

« Je t'apporte un enfant, je te prie de l'élever avec plus de ten-
135 dresse et de soins que le tien ; si tu le fais, tu en retireras, toi et tes héritiers, un profit que tu ne peux pas imaginer.

– Est-ce, dit Antor, l'enfant que le roi m'a demandé de faire allaiter par ma femme, en sevrant mon propre fils pour lui ?

– Oui, c'est lui ; tous les gens de bien te le demandent, et moi
140 aussi. Dis-toi bien que ma prière vaut celle d'un puissant seigneur. »

Antor prend l'enfant qui n'est qu'un tout petit bébé et demande s'il est baptisé.

« Non, répond le vieillard, mais il doit l'être tout de suite.

145 – Quel nom voulez-vous qu'il porte ? demande Antor à l'homme qui le lui a posé dans les bras.

– Si tu veux me faire plaisir, tu le nommeras Arthur. Tu ne tarderas pas à savoir quelle source de bien cet enfant sera pour toi : très vite vous ne saurez dire, ta femme et toi, lequel de lui ou
150 de votre fils vous aimerez le plus. »

Ils se quittent et Antor fait aussitôt baptiser l'enfant du nom d'Arthur et le porte à sa femme.

« Voici, lui dit-il, l'enfant que je vous ai tant priée d'accepter.

– Qu'il soit le bienvenu », répond-elle.

155 Elle le reçoit dans ses bras et demande à son mari s'il est
baptisé.

«Oui, il se nomme Arthur.»

La dame l'allaita et confia son enfant à une nourrice.

La mort d'Uter

Après un long règne Uter tomba gravement malade de la
goutte[1] aux mains et aux pieds. Alors en plusieurs points du
royaume s'élevèrent des rébellions qui le mirent en de telles
difficultés qu'il dut avoir recours à ses barons. Ils marchèrent
5 contre les ennemis du roi et contre leurs ennemis personnels qui
avaient occupé une bonne partie du pays. Mais, faute d'un chef,
leur attaque fut menée de façon désordonnée et ils furent
déconfits[2]. Le roi subit de lourdes pertes humaines. Les survivants de la bataille se replièrent et les vainqueurs virent beaucoup
10 de gens se rallier à eux : les Saxons qui étaient en état d'infériorité
dans le pays prirent leur parti, ce fut un important renfort.

Au courant de tout, Merlin vint trouver Uter, très affaibli par
sa maladie et parvenu à un âge très avancé. Heureux de le revoir,
le roi lui réserva un bon accueil.

15 «Vous êtes complètement désemparé, lui dit Merlin.

– C'est inévitable, vous savez que mes vassaux et ceux dont je
pensais n'avoir rien à craindre ont ravagé mon royaume, tué et mis
en déroute mes hommes. Éclairez-moi sur la conduite à suivre.

– Convoquez vos troupes et tous vos gens. Quand ils seront
20 rassemblés, faites-vous mettre sur un brancard et allez à la rencontre de l'ennemi. Ne doutez pas de la victoire. Quand vous
l'aurez remportée, la preuve sera faite qu'un royaume privé de

---

1. *Goutte* : maladie qui provoque une inflammation des articulations.
2. *Déconfits* : battus.

son chef ne vaut pas cher. Cela fait, avant qu'il ne soit trop tard,
distribuez pour l'amour de Dieu, pour votre honneur et le salut
25 de votre âme, tout votre trésor et vos immenses richesses. Après
cette distribution, vous n'aurez plus longtemps à vivre. Tout bonheur est fragile en ce bas monde, alors que celui que l'on gagne
par ses mérites en l'autre monde est assuré, éternel et inaltérable.
Vous qui avez bénéficié de tant de privilèges en ce monde,
30 qu'avez-vous fait pour Notre-Seigneur qui vous a comblé de
toutes ses grâces ? Je vous prédis qu'après la victoire remportée
dans cette bataille vous ne vivrez plus longtemps. Sachez encore
que de ce monde vous n'emporterez rien de plus précieux que
l'honneur. Je vous ai prouvé mon affection et je vous ai servi de
35 guide. Igerne, votre femme, est morte et vous ne pouvez songer à
un nouveau mariage : votre royaume restera donc sans héritier
après votre mort, aussi ne relâchez pas vos efforts à bien agir.

– Quelle prédiction inouïe ! Je triompherai de mes ennemis
sur un brancard ! Comment rendre grâce[1] à Notre-Seigneur de
40 cette faveur ?

– Simplement par une bonne fin. Je m'en vais et, après la
bataille, souvenez-vous de mes paroles. »

Le roi lui demanda alors des nouvelles de l'enfant qu'il avait
emporté.

45 « Ne posez pas de questions à ce sujet, sachez seulement que
l'enfant est beau, grand et bien nourri.

– Te verrai-je encore une fois ?

– Oui, une ultime fois. »

Le roi convoqua ses troupes et se fit porter sur un brancard à
50 la rencontre de ses ennemis. Ils se ruèrent contre lui et engagèrent
le combat. Les forces du roi, soutenues par la présence de
leur seigneur, les mirent en déroute et en firent un carnage.
Vainqueur, Uter extermina ses ennemis et rétablit la paix dans
son royaume. Se souvenant des paroles de Merlin, il revint à

---

1. *Rendre grâce à* : remercier.

55　Logres [1]. Là, il fit réunir son trésor et ses immenses richesses et
par tous les moyens, en faisant appel à des gens dévoués,
hommes et femmes, il se mit à la recherche des malheureux du
royaume. Il leur distribua généreusement de larges aumônes et
laissa le reste à ses conseillers, aux ministres et aux confesseurs de
60　la sainte Église. Pour l'amour de Dieu et fidèle aux conseils de
Merlin, il abandonna tout ce qu'il possédait jusqu'au dernier bien
dont il eût souvenir. On le garda encore longtemps malade.
Finalement son mal s'aggrava, le peuple afflua à Logres, plein de
commisération pour une mort qu'on savait inévitable. Il était si
65　malade et si affaibli qu'il perdit pendant trois jours l'usage de la
parole. Merlin, qui n'en ignorait rien, se rendit à la ville. Dès son
retour, les grands seigneurs du royaume le firent venir devant
eux.

«Merlin, lui dirent-ils, le roi que vous aimiez tant est mort.

70　– Parlez mieux : on ne meurt pas, si on fait une aussi bonne fin
que lui. D'ailleurs il n'est pas encore mort ! Il parlera, s'il plaît à
Dieu. Venez, je le ferai parler.

– Ce serait le plus grand prodige du siècle.

– Eh bien venez », dit Merlin.

75　Ils entrent dans la salle où le roi était couché et font ouvrir
toutes les fenêtres. Le roi fixe son regard sur Merlin pour montrer
qu'il le reconnaît. Merlin dit aux barons et aux prélats [2] qui sont
à ses côtés qu'il veut entendre les dernières paroles du roi,
s'approche de lui et lui souffle tout bas à l'oreille :

80　«Vous aurez fait une belle fin, si votre conscience est aussi
sereine que votre visage. Je vous donne l'assurance que votre fils
Arthur sera le maître du royaume après vous, par la grâce de
Jésus-Christ, et qu'il complétera la Table que vous avez fondée. »

À ces mots, le roi se glisse vers lui.

---

1. *Logres* : ce lieu, impossible à situer géographiquement, désigne à la fois le
royaume du roi Arthur et la capitale de ce royaume.
2. *Prélats* : grands personnages de l'Église.

85 « Par Dieu, lui dit-il, Merlin, implore Jésus-Christ de prier pour moi.

– Vous avez entendu, dit Merlin à l'assistance, ce que vous avez cru impossible. Ce sont, n'en doutez pas maintenant, les derniers mots qu'il prononcera. »

90 Il se lève alors, ainsi que tous les autres témoins du prodige. Personne ne put savoir ce qu'il avait dit à Merlin. Uter trépassa dans la nuit ; les barons, les évêques et les archevêques lui rendirent les honneurs et célébrèrent le plus bel office [1]. Telle fut la fin d'Uter et le royaume resta sans maître.

L'épée et l'enclume

Au lendemain des funérailles du roi, les barons et les ministres de la sainte Église se réunirent en assemblée au palais royal pour délibérer du futur gouvernement du royaume, mais ils ne se mirent pas d'accord sur un nom. À l'unanimité ils décidèrent
5 de consulter Merlin, le sage Merlin, qui n'avait jamais donné que de bons conseils et, d'un commun accord, ils l'envoyèrent chercher.

« Merlin, lui dirent-ils, nous connaissons ta grande sagesse. Tu as toujours aimé les rois de ce pays. Tu vois qu'il est resté sans
10 héritier et tu sais qu'un royaume sans maître ne vaut guère. Aussi nous te demandons, au nom de Dieu, de nous aider à choisir un homme capable de gouverner le royaume pour l'honneur de la sainte Église et la sauvegarde du peuple.

– Je n'ai pas qualité pour donner un conseil dans une affaire
15 de si haute importance et pour choisir un roi apte à gouverner. Voici mon avis : s'il vous paraît judicieux, suivez-le ; sinon, n'en parlons plus.

---

1. *Office* : messe.

– Que Dieu fasse que nous nous accordions, pour le bien et le salut du royaume !

20 – Une belle chance se présente à vous, si vous voulez la saisir. Le roi est mort quatre jours après la Saint-Martin [1] et ce sera bientôt Noël. Si vous m'en croyez, je vous donnerai un bon et loyal conseil aux yeux de Dieu et du monde.

– Dis-le, répondent-ils d'une seule voix, nous te faisons 25 confiance.

– Proche est la fête de la Nativité du roi des rois [2], maître de toutes choses et auteur de tous biens. Si vous lui en adressez la supplique et la faites adresser par le peuple tout entier, qui a grand besoin d'un chef, je me porte garant qu'à cette fête de 30 Noël où Il consentit à venir au monde, Il vous choisira un roi capable de gouverner le royaume. Que le peuple accepte ce roi désigné par le Seigneur et par lui seul. Assemblez ici même les gens de bien du royaume et je vous assure que vous verrez le signe envoyé par Jésus-Christ.

35 – Approuvez-vous cette décision ? s'interrogent-ils entre eux.

– C'est le meilleur, le plus juste conseil qu'on puisse donner, avouent-ils tous en chœur.

– Tout homme croyant en Dieu a le devoir de l'approuver», répond-on de tous côtés.

40 On se conforma aux conseils de Merlin. Lorsqu'il prit congé d'eux, ils l'invitèrent à venir à la fête de Noël pour vérifier ses dires.

«Je n'y serai pas, répondit-il, et vous ne me verrez pas avant l'élection.»

Il retourna auprès de Blaise et lui rapporta ces faits et ce qui 45 devait en résulter.

Les hauts personnages du royaume et les ministres de la sainte Église firent savoir que les nobles étaient convoqués à Logres pour Noël, afin d'assister à l'élection.

---

1. *La Saint-Martin* : le 11 novembre.
2. *La Nativité du roi des rois* : naissance de Jésus, fête de Noël.

Antor qui avait la garde de l'enfant l'éleva jusqu'à sa seizième année : il avait bien grandi, allaité par sa femme dont l'enfant avait été confié à une nourrice. Ce père ne savait pas lequel il aimait le plus, de son fils ou du jeune Arthur qu'il appelait son fils, ce dont Arthur était intimement convaincu. À la Toussaint, Antor fit chevalier son fils Keu et pour Noël il se rendit à Logres, comme tout seigneur du pays, emmenant avec lui ses deux fils.

La veille de Noël eut lieu l'assemblée des plus hauts seigneurs du royaume, des hauts barons et de nombreux personnages de quelque importance.

Comme il est de tradition, ils assistèrent à la messe de minuit et supplièrent avec ferveur Notre-Seigneur de leur donner un homme capable de défendre le peuple et la chrétienté. Ils assistèrent aussi à la première messe du jour. Lorsqu'ils furent réunis, le saint homme qui devait célébrer l'office s'adressa à eux :

« Chers seigneurs, vous voici rassemblés comme vous le devez pour trois raisons : pour le salut de vos âmes et l'honneur de vos vies, pour assister au beau miracle que Notre-Seigneur accomplira parmi nous, en nous donnant un roi et un chef, afin de protéger, de sauver et de défendre la sainte Église, pour accorder enfin un soutien au peuple tout entier. Nous manquons de lumières pour savoir lequel d'entre vous tous ici présents serait le meilleur. Prions Jésus-Christ de nous éclairer aujourd'hui lui-même par le choix qu'il fera, aussi vrai qu'Il naquit en ce jour. »

Puis il chanta la messe.

On était alors au point du jour. Les premiers sortis de l'église, juste après l'offrande des fidèles, aperçurent devant le porche principal, au milieu de la place, un bloc de pierre carré de matière indéfinissable, de marbre semblait-il. Au milieu de ce bloc était une enclume de fer d'au moins un demi-pied de hauteur et, au milieu de l'enclume, était fichée une épée[1], profondément

---

1. Il ne s'agit pas d'Excalibur, qui sera donnée plus tard à Arthur par la Dame du Lac.

80 enfoncée jusque dans le bloc de pierre. Quand le saint prêtre l'apprit (c'était l'archevêque de Logres), il prit de l'eau bénite et les reliquaires, puis le cortège, l'archevêque en tête, s'avança jusqu'au bloc de pierre. Tous regardèrent longuement cette pierre, l'enclume et l'épée que l'on aspergea d'eau bénite[1]. En se bais-
85 sant, l'archevêque vit une inscription en lettres d'or gravée dans l'acier de l'épée : elle disait que celui à qui était destinée cette épée et qui aurait la force de la retirer serait le roi du pays par le choix de Jésus-Christ. Il en informa l'assistance.

« Au nom des miracles accomplis ici-bas par Notre-Seigneur,
90 que personne, quels que soient la richesse, le rang ou tout autre avantage dont Dieu l'ait favorisé, n'aille contre ce choix », leur demanda-t-il.

L'ordre fut aussitôt donné de confier la garde du bloc de pierre et de l'épée à dix nobles, cinq clercs et cinq laïcs. On reconnut là le
95 signe envoyé par Jésus-Christ et on rentra dans l'église pour rendre grâce à Notre-Seigneur par le chant du *Te Deum laudamus*[2].

Quand la messe fut chantée, un rassemblement se fit autour du bloc de pierre. Grands seigneurs, barons riches ou puissants, et ceux qui étaient doués d'une grande force physique, chacun
100 prétendit essayer avant les autres. L'archevêque dut reprendre la parole et d'une voix forte se fit entendre de tous :

« Vous n'êtes ni aussi sages, ni aussi dignes, ni aussi raisonnables que je le souhaiterais ! Richesse, puissance, grandeur, audace ne servent à rien ; seule compte la volonté du Seigneur.
105 Si celui qui doit enlever cette épée n'est pas encore né, personne ne l'enlèvera à sa place. »

Rendus à de meilleurs sentiments et après s'être consultés, les laïcs influents et les barons du royaume résolurent de se comporter

---

1. Un prodige peut être suspect de manœuvre diabolique, d'où cette précaution.
2. *Te Deum laudamus* : trois premiers mots du chant qui remercie Dieu « Nous te louons, Seigneur ».

comme le voulait l'archevêque. À tous, il demanda un répit jusqu'à
110 ce qu'il ait chanté la grand-messe.

Après la sortie, il choisit deux cent cinquante seigneurs parmi
ceux qu'il estimait les plus valeureux et leur fit tenter l'épreuve,
puis il ordonna aux autres d'essayer à leur tour. Tous ceux qui en
avaient envie la tentèrent les uns après les autres : aucun ne fut
115 capable d'enlever l'épée ni de la faire bouger. On la mit sous la
garde de dix bons chevaliers avec ordre de laisser s'y essayer tous
ceux qui le désireraient, en leur recommandant de bien faire attention à celui qui l'ôterait.

Le mensonge de Keu

L'épée resta là jusqu'au jour de la Circoncision [1]. À cette date
les barons assistèrent à la messe et l'archevêque fit un sermon sur
leurs devoirs à l'égard de l'Église.

« Je vous avais bien avertis, ajouta-t-il, que n'importe qui pou-
5 vait venir, même du bout du monde, pour essayer d'enlever
l'épée : seul l'ôtera celui que Notre-Seigneur désignera pour être
le seigneur et le protecteur de ce peuple. »

Ils déclarèrent qu'ils ne quitteraient pas la ville avant de voir à
qui Notre-Seigneur accorderait cette grâce. Après la messe, cha-
10 cun de son côté alla manger à son logis. À la sortie de table,
suivant l'usage du temps, les chevaliers se rendirent hors de la
ville dans un champ pour jouter à la lance [2]. Beaucoup de citadins
allèrent voir la joute, ainsi que quelques-uns des dix gardiens de
l'épée. Lorsque les jouteurs se furent longuement livrés à leurs
15 jeux, ils remirent leurs écus [3] à leurs valets d'armes. Les assauts

---

1. C'est-à-dire huit jours plus tard.
2. *Jouter à la lance* : la joute est, au Moyen Âge, un combat sportif entre
deux cavaliers.
3. *Écus* : boucliers en bois recouverts de cuir.

recommencèrent de plus belle pour finir en une mêlée générale qui attira tous les gens de la ville, avec ou sans armes.

Keu, qui avait été fait chevalier [1] à la Toussaint, appela son frère :

20 « Va me chercher, lui dit-il, une épée à la maison.

– Bien volontiers », répondit Arthur, qui était serviable et dévoué.

Il piqua des deux [2] jusqu'à leur logis, chercha partout l'épée de son frère, ou une autre, mais il n'en trouva point : la maîtresse du
25 logis les avait remisées [3] dans sa chambre et était allée voir la joute comme tout le monde. N'ayant rien trouvé, Arthur s'en revenait en larmes. En passant devant l'église, sur la place où était le bloc de pierre, il vit l'épée. Il eut l'idée de la porter à son frère, s'il pouvait la prendre. Il s'approcha sans même descendre de cheval, la saisit
30 par la poignée et l'emporta dissimulée sous un pan de sa tunique. Le voyant revenir, son frère, qui l'attendait hors de la mêlée, alla à sa rencontre et lui demanda son épée. Arthur répondit qu'il ne l'avait pas trouvée, mais qu'il lui en apportait une autre, qu'il tira de dessous sa tunique. Comme Keu lui demandait où il l'avait
35 prise, Arthur lui dit que c'était celle du bloc de pierre. Keu s'en empara, la cacha sous le pan de sa tunique et se mit à la recherche de son père.

« Seigneur, lui dit-il après l'avoir enfin trouvé, je serai roi : voici l'épée du bloc de pierre. »

40 Très surpris, son père lui demanda comment il l'avait eue et Keu lui répondit qu'il l'avait retirée de la pierre. Antor ne voulut pas le croire et le traita de menteur. Tous deux se dirigèrent vers l'église, suivis d'Arthur.

---

1. *Fait chevalier* : on devient chevalier au cours d'une cérémonie, l'adoubement ; celui qui appartient à l'ordre de la chevalerie possède un cheval et une épée.
2. *Piquer des deux* : partir au galop ; l'expression est un raccourci pour « piquer des deux éperons ».
3. *Les avait remisées* : les avait rangées.

« Keu, mon cher fils, dit Antor quand ils furent arrivés devant le
45 bloc de pierre, ne mens pas ! Dis-moi comment tu as eu cette épée ;
si tu mens, je finirai par le savoir et je ne t'aimerai plus jamais.

– Seigneur, répondit-il, la honte au visage, voici la vérité : c'est
Arthur, mon frère, qui me l'a apportée quand je lui ai demandé la
mienne. J'ignore comment il l'a eue.

50 – Donne-la-moi, cher fils, tu n'as aucun droit sur elle, si tu ne
te soumets pas à l'épreuve. »

Il la lui tend et quand Antor l'a en main, il se retourne vers
Arthur qui les suivait.

« Cher fils, approche, dit Antor, et dis-moi comment tu as eu
55 cette épée. »

Arthur le lui raconte alors.

« Reprends l'épée, lui dit son père, et va la remettre là où tu
l'as prise. »

Arthur va la remettre dans l'enclume où elle reste fichée comme
60 auparavant. Antor ordonne à Keu de s'y essayer, mais il n'arrive à
rien.

« Je savais, dit-il à Keu, que tu n'avais pas enlevé l'épée. Cher
seigneur, dit-il à Arthur en le prenant dans ses bras, si je pouvais
faire en sorte que vous deveniez roi, quel avantage en aurais-je ?

65 – Seigneur, si j'ai cet honneur, ou tout autre, c'est à vous qu'il
reviendra, puisque vous êtes mon père.

– Je ne suis que votre père nourricier. En vérité, j'ignore qui
vous engendra. »

Quand Arthur entendit que celui qu'il considérait comme son
70 père ne le reconnaissait pas pour son fils, il fondit en larmes,
accablé de chagrin.

« Seigneur Dieu, quel bien puis-je espérer, puisque je n'ai pas
de père ?

– Vous avez un père, lui dit Antor, il faut bien que vous en
75 ayez un ! Mais, en toute bonne foi, je ne sais qui c'est. »

Antor lui raconta alors comment sa femme l'avait allaité en
sevrant son propre fils confié à une étrangère.

«Seigneur, ne refusez pas, je vous en supplie, de me considérer
comme votre fils. Et si vous pouvez m'aider à obtenir l'honneur
80 dont vous avez parlé, je n'aurai rien à vous refuser.

– Si vous êtes roi, faites seulement de Keu, votre frère, votre
sénéchal et, quelles que soient ses fautes envers vous ou les gens de
votre terre, qu'il garde ce titre toute sa vie. S'il lui arrive d'être bizarre,
malappris [1] ou perfide, tolérez-le, puisqu'il a pris ces défauts dans le
85 lait d'une femme de basse condition [2] et que c'est pour que vous
soyez nourri comme il se devait qu'il a perdu sa véritable nature.
Soyez indulgent et accordez-lui la faveur que je vous demande.

– De très grand cœur », répondit Arthur.

Il mena Arthur à l'autel où il fit le serment solennel de tenir
90 cette promesse ; puis ils revinrent devant l'église. Antor appela
ses amis et ses parents.

«Seigneur, dit-il à l'archevêque, voici un de mes enfants qui
n'est pas chevalier, il me supplie de le laisser tenter l'épreuve de
l'épée. Appelez quelques-uns des barons ici présents. »

95 Ils se rassemblèrent autour du bloc de pierre. Alors Antor
ordonna à Arthur de prendre l'épée et de la remettre à l'archevêque,
ce qu'il fit. Mécontents, les barons soutenaient qu'il n'était pas possible qu'un garçon de basse origine devienne leur roi. Ce langage
indigna l'archevêque.

100 «Notre-Seigneur connaît chaque homme mieux que vous »,
rétorqua-t-il.

Antor, ses parents, beaucoup de personnes de l'assistance et
le menu peuple respectueux de l'Église se rangèrent du côté
d'Arthur. Toutefois les barons étaient contre. L'archevêque tint
105 alors un langage audacieux :

«Même si vous vous prononcez contre ce choix, il prévaudra si
c'est la volonté de Dieu ! Allez, Arthur, cher fils, remettez l'épée à
l'endroit où vous l'avez prise. »

---

1. *Malappris* : malhonnête, grossier.
2. Croyance d'après laquelle le lait qui alimente un nourrisson influe sur les
qualités ou les défauts de celui-ci.

Arthur la porta sous les regards de tous et la remit en place.
110 Cela fait, l'archevêque reprit la parole :

« On ne vit jamais choix plus évident. Allez à présent, puissants seigneurs, essayez donc d'enlever l'épée ! »

Ils s'avancèrent, essayèrent tous les uns après les autres sans pouvoir réussir.

115 « Pure folie, s'écria l'archevêque, que de vouloir aller contre la volonté de Jésus-Christ !

– Seigneur, nous n'allons pas contre sa volonté, mais il est inacceptable qu'un simple garçon [1] soit notre maître. »

Ils demandèrent à l'archevêque de laisser l'épée dans le bloc de
120 pierre jusqu'à la Chandeleur [2] : plusieurs qui n'avaient pas tenté l'épreuve pourraient encore le faire. Pour leur donner satisfaction l'archevêque le permit.

Le couronnement d'Arthur

À la Chandeleur, tout le peuple du royaume se rassembla et tous ceux qui le voulaient tentèrent l'épreuve.

« Il serait bon à présent, dit l'archevêque à la suite de ces tentatives, d'accepter une fois pour toutes la volonté de Jésus-
5 Christ. Avancez, Arthur, cher fils, et s'il plaît à Dieu que vous soyez le gardien de ce peuple, donnez-moi cette épée. »

Il s'avance, l'enlève et la remet à l'archevêque. Tout le monde, à ce spectacle, se met à pleurer de joie et d'émotion.

« Y a-t-il encore quelqu'un pour s'opposer à ce choix ?

10 – Seigneur, répondent les hauts barons à l'archevêque, pour nous satisfaire pleinement, faites remettre l'épée en place et gardez l'enfant sous votre protection jusqu'à Pâques. Si d'ici là personne

---

1. *Simple garçon* : quelqu'un de modeste condition, qui n'est pas chevalier.
2. *Chandeleur* : fête de la purification de Marie, le 2 février.

ne vient enlever l'épée, nous obéirons comme vous l'entendez à ce jeune homme.

15 – Obéirez-vous tous de bon cœur et sans réserve, si je diffère le sacre jusqu'à Pâques ? »

Ils promirent tous sans restriction de remettre alors le sort du royaume entre les mains de l'enfant.

« Seigneur, dit l'archevêque qui avait pris l'enfant sous sa pro-
20 tection, vous serez le roi et le seigneur de ce peuple : préparez-vous à être un parfait souverain et dès aujourd'hui choisissez avec soin ceux dont vous voulez faire vos conseillers les plus proches.

– Seigneur, répondit Arthur, choisissez vous-même ceux qui seraient les meilleurs pour agir selon la volonté de Notre-Seigneur
25 et pour le bien de la chrétienté. Appelez Antor, mon seigneur, auprès de vous. »

L'archevêque fit venir Antor et lui répéta les bonnes paroles d'Arthur. On lui choisit les conseillers qui lui convenaient, Arthur nomma Keu sénéchal du royaume. Quant à l'attribution des
30 charges et des titres honorifiques, on attendit Pâques.

La fête de Pâques venue, les barons se réunirent à Logres. L'archevêque les convoqua dans son palais pour délibérer. Il leur exposa quelle était selon lui la volonté de Jésus-Christ qui désignait l'enfant pour régner.

35 « Cher seigneur, dirent les barons, nous ne pouvons ni ne voulons aller contre la volonté de Notre-Seigneur, mais nous sommes stupéfaits de voir un homme si jeune et de si humble condition devenir notre maître.

– Alors, répliqua l'archevêque, c'est que vous n'êtes pas de
40 bons chrétiens.

– Vous avez vu cet enfant, vous l'avez connu sous différents rapports alors que nous ne savons presque rien de lui. Nous vous demandons de nous le laisser sonder pour voir quel genre d'homme il sera : si nous voyons comment il se comporte, nous
45 serons en mesure de porter un jugement sérieux sur lui.

– Désirez-vous, dit l'archevêque, que l'on renvoie l'élection et le sacre à demain ?

– Que son élection ait lieu demain, sans être remise à plus tard, mais reportez le sacre jusqu'à la Pentecôte. »

50 Le lendemain, après la messe, ils amenèrent Arthur pour le soumettre à l'épreuve : il enleva l'épée comme précédemment. Ils le prirent alors dans leurs bras, l'élevèrent, le reconnurent à l'unanimité pour leur seigneur, l'invitèrent à remettre l'épée en place et à venir s'entretenir avec eux. Il répondit favorablement à 55 leur désir. Ils l'emmenèrent dans la cathédrale pour converser avec lui et sonder ses sentiments.

« Seigneur, nous voyons bien que Notre-Seigneur veut que vous soyez notre roi et donc nous le voulons aussi ; nous vous considérons pour notre maître et nous acceptons de tenir de vous 60 nos fiefs, nos biens et nos terres. Accordez-nous cependant de reporter votre sacre à la Pentecôte.

– Recevoir vos hommages [1], répondit Arthur, redistribuer vos fiefs, je ne le puis ni ne le dois faire. Je ne puis disposer de vos terres ou de celles d'autrui, ni gouverner, tant que je ne suis pas 65 sacré, couronné et investi du pouvoir royal. Quant au délai que vous souhaitez, je l'admets bien volontiers, ne voulant être sacré et tenir la dignité royale que de Dieu et de vous. »

« Si cet enfant vit, il sera fort sage et raisonnable », se dirent les barons.

70 Ils firent apporter de riches trésors, de magnifiques joyaux, tout ce qu'on peut aimer et dont on peut avoir envie, pour voir s'il céderait à la convoitise et à la cupidité : mais il s'informait auprès de ses familiers des mérites de chacun et agissait en conséquence, selon ce qu'il apprenait. Après avoir reçu leurs richesses, il les 75 distribuait, comme le livre nous le rapporte. Aux bons chevaliers il donnait des chevaux ; aux bons vivants, portés à la gaieté et à l'amour, des bijoux ; aux avares, deniers, or et argent ; il

---

1. *Hommages* : serments de fidélité du vassal envers son seigneur.

recherchait la compagnie des gens sages, généreux et hospitaliers, s'enquérant auprès de l'un ou de l'autre de leurs goûts, et faisait à
80 chacun des dons appropriés.

Son comportement lui valut l'estime de tous et on répétait hors de sa présence qu'il serait d'un noble caractère, puisqu'on ne décelait en lui ni convoitise ni vice, qu'il faisait bon usage de tout ce qu'il avait reçu et donnait à chacun selon son état.

85 Au temps de la Pentecôte, les barons se réunirent à Logres et ceux qui le voulurent tentèrent une dernière fois l'épreuve de l'épée, sans résultat. L'archevêque avait préparé la couronne et le sacre. La veille de la Pentecôte, avant les vêpres [1], avec l'accord unanime du conseil et de la majorité des barons, il fit chevalier
90 Arthur qui avait passé toute la nuit en prières dans la cathédrale [2]. Quand il fit jour, les barons furent invités à l'y rejoindre.

« Voici, leur dit l'archevêque, celui que Notre-Seigneur a élu, comme vous l'avez vu dès la Noël. Voici les vêtements royaux et la couronne apportés ici selon vos vœux et l'avis unanime du
95 conseil. Si l'un de vous s'élève contre ce choix, j'exige qu'il le dise.

– Nous sommes d'accord, nous voulons, au nom de Dieu, qu'il soit sacré, mais à une condition : s'il nourrit quelque hostilité contre l'un ou l'autre d'entre nous pour avoir fait obstacle jusqu'à ce jour à son élection et à son sacre, qu'il nous pardonne à tous
100 sans exception. »

À genoux, ils implorèrent son pardon. Arthur en fut ému jusqu'aux larmes et s'agenouilla à son tour devant eux.

« Je vous accorde, dit-il, un total et sincère pardon, et j'implore le Seigneur qui m'octroie cet honneur de vous pardonner
105 lui aussi. »

Tous se levèrent d'un seul élan et les hauts seigneurs le prirent dans leurs bras, l'amenèrent aux vêtements royaux et l'en revêtirent. L'archevêque se prépara à chanter la messe.

---

1. *Les vêpres* : office (messe) du soir.
2. Avant l'adoubement, l'aspirant chevalier doit passer la nuit en prières.

« Arthur, dit-il, allez chercher l'épée et la main de justice [1] avec
110 lesquelles vous devez défendre la sainte Église et assurer de toutes
vos forces le salut de la chrétienté. »

Ils se dirigèrent en procession vers le bloc de pierre et, quand
ils furent devant lui, l'archevêque invita Arthur à prêter serment et
à jurer devant Dieu, sainte Marie et tous les saints et saintes, de
115 protéger et de soutenir la sainte Église, de faire régner la paix sur la
terre, d'assister de ses conseils les gens désemparés, de secourir les
malheureux, de ramener dans le droit chemin les femmes égarées,
de faire respecter le droit et la parole donnée, de rendre une stricte
justice.

120 « Aussi vrai, dit Arthur, que Dieu est le maître de toutes choses,
qu'il me donne la force et le pouvoir d'agir selon ce que je viens
d'entendre, c'est mon plus ardent désir. »

Il se mit à genoux, saisit l'épée de ses mains jointes et l'arra-
cha à l'enclume, comme si elle n'y était pas fixée.

125 On l'amena, tenant toute droite l'épée dans ses mains, jusqu'à
l'autel où il la déposa. Après quoi, il fut sacré et reçut l'onction
suivant le rituel d'un couronnement royal. Après le sacre, à la fin
de la messe, ils sortirent de l'église et ne surent ce que le bloc de
pierre était devenu.

130 C'est ainsi qu'Arthur fut élu et devint roi du royaume de
Logres où il fit régner la paix.

Merlin et Viviane

Lors de ses disparitions, Merlin allait souvent rendre visite à
Viviane, une demoiselle fort belle, fille d'un noble vavasseur [2]. Il

---

1. *Main de justice* : sceptre orné d'une main qui signifie que le roi est source
de la loi et juge.
2. *Vavasseur* : vassal d'un vassal, petit seigneur.

était si épris d'elle qu'à sa demande, il lui révéla une partie de ses sortilèges sans se méfier de sa fourberie. Elle ne laissait rien perdre de ses leçons qu'elle consignait par écrit.

Lorsqu'il eut quitté Arthur, il retourna auprès de Blaise et y demeura huit jours pour lui raconter les événements récents. Il se sépara de lui en lui disant qu'il le voyait pour la dernière fois : il demeurerait désormais avec son amie. Blaise fut affecté et consterné de cette décision.

Merlin quitta Blaise. Le trajet lui sembla court jusqu'à son amie. Heureux de se retrouver, Merlin et Viviane vécurent un long temps ensemble. Elle l'assiégea de tant de questions qu'il lui livra tout son savoir. Depuis, et jusqu'à nos jours, on le tient pour fou. Quand il eut fini de répondre à la curiosité de son amie, elle chercha le moyen de se rendre maîtresse de lui pour toujours et se mit à le cajoler comme jamais.

« Seigneur, lui dit-elle, il est une chose que j'ignore encore et que je brûle de savoir : comment enfermer quelqu'un sans avoir recours à une tour, à un mur, à des chaînes et seulement par enchantement, quelqu'un qui ne retrouverait la liberté qu'avec mon assentiment ? »

À ces mots, Merlin secoua la tête et se mit à soupirer. Elle lui en demanda la raison.

« Dame, je vais vous la dire : je devine vos pensées, vous voulez m'emprisonner et je suis si bien sous l'empire de mon amour qu'il me faut en passer par votre volonté. »

La demoiselle lui mit les bras autour du cou en disant qu'il devait être à elle, puisqu'elle était à lui.

« Vous savez bien, fit-elle, que le profond amour que j'ai pour vous m'a fait laisser père et mère. Mes pensées et mes désirs vont vers vous ; sans vous je ne connais ni joie ni bonheur. Puisque je vous aime et que vous m'aimez, n'est-il pas juste que vous fassiez mes volontés et moi les vôtres ?

– Oui, certainement. Eh bien, dites ce que vous voulez.

– Je veux que vous m'appreniez à créer un bel endroit, bien à notre goût, que je puisse clore par un si puissant sortilège que rien ne parvienne à l'annihiler. Nous y vivrons tous les deux, quand il nous plaira, dans la joie et les plaisirs de l'amour.

40 – Dame, je le ferai volontiers.

– Je ne veux pas que vous le fassiez vous-même, apprenez-moi seulement à le faire et je le ferai à mon goût.

– Je vous l'accorde. »

Merlin commence ses explications et la demoiselle, ravie, note
45 tout ce qu'il dit. Elle l'en aime davantage, lui fait meilleure figure qu'à l'accoutumée, et ils mènent longtemps une vie commune.

Un jour qu'ils cheminaient dans la forêt de Brocéliande, la main dans la main, et devisant pour le plaisir, ils trouvèrent un beau buisson d'aubépine, très vert et très haut, chargé de fleurs, et
50 s'assirent à son ombre. Merlin posa sa tête dans le giron[1] de la demoiselle, elle se mit si bien à le caresser qu'il finit par s'endormir. Le voyant en plein sommeil, elle se leva, fit un cercle avec sa guimpe[2] tout autour du buisson et de Merlin. Elle entreprit ses enchantements, puis alla se rasseoir près de lui ; elle lui remit la
55 tête dans son giron et le tint ainsi jusqu'à son réveil. Il regarda autour de lui, il crut être dans la plus belle tour du monde, allongé sur la plus magnifique couche où il ait jamais dormi.

« Dame, dit-il alors, vous m'avez trahi, si vous ne restez pas avec moi, puisque vous seule avez le pouvoir de détruire cette tour.

60 – Cher doux ami, je serai souvent présente et nous serons dans les bras l'un de l'autre et désormais rien ne s'opposera à votre plaisir. »

Elle tint rigoureusement sa promesse et depuis Merlin ne sortit jamais de cette forteresse où elle l'avait enfermé.

---

1. *Giron* : partie du vêtement que l'on porte au niveau des genoux ; cela désigne donc les genoux. On a conservé le mot giron au sens de protection.
2. *Guimpe* : coiffure de toile blanche qui couvre les cheveux et une partie du visage.

DOSSIER

Êtes-vous un bon lecteur ?

1. Robert de Boron a écrit une œuvre :
   A. qu'il a complètement imaginée
   B. en s'inspirant de textes plus anciens
   C. en vers

2. Historiquement, les aventures de Merlin se sont déroulées :
   A. en forêt de Brocéliande
   B. en Cornouailles et au pays de Galles
   C. au sud de l'Écosse

3. Au Moyen Âge, les mères célibataires étaient :
   A. condamnées à mort
   B. livrées à la prostitution
   C. obligées d'entrer au couvent

4. À sa naissance, Merlin :
   A. a le corps couvert d'écailles
   B. est tout velu
   C. a les pieds fourchus

5. La première prédiction de Merlin concerne :
   A. un juge
   B. la mère du juge
   C. sa propre mère

6. Le délai habituel entre l'assignation et le jugement est de :
   A. 3 jours
   B. 40 jours
   C. 3 mois

7. Les assassins du roi Moine sont :
   A. pendus au gibet
   B. écartelés par quatre chevaux
   C. brûlés vifs sur un bûcher

8. La tour que veut construire Vertigier s'écroule à cause :

    A. d'un glissement de terrain
    B. de la mauvaise qualité du mortier
    C. de deux dragons

9. Merlin jouait avec les autres enfants :

    A. à la choule
    B. à l'escrime
    C. aux échecs

10. Dans le combat opposant les deux dragons, le vainqueur est :

    A. le roux
    B. le blanc

11. Le baron qui voulait faire passer Merlin pour un imposteur meurt :

    A. pendu
    B. noyé
    C. en se brisant le cou

12. La grande bataille contre les Saxons a eu lieu :

    A. dans la plaine de Salisbury
    B. sur les bords de la Tamise
    C. en Northumberland

13. La Table ronde est installée à :

    A. Carduel
    B. Salisbury
    C. Tintagel

14. Igerne, dont Uterpandragon tombe amoureux, est :

    A. la femme de son conseiller Ulfin
    B. la femme du duc de Tintagel
    C. la fille du roi saxon Engis

15. Dans un roman de Chrétien de Troyes, le héros épouse la veuve du chevalier qu'il vient de tuer. Il s'agit de :

    A. Gauvain
    B. Lancelot
    C. Yvain

16. Le duc de Tintagel avait une fille bâtarde nommée :

- A. Morgane
- B. Viviane
- C. Mélusine

17. Le roi Arthur enfant a été élevé par :

- A. Viviane
- B. Antor
- C. Keu

18. L'épée plantée dans l'enclume se nomme :

- A. Durendal
- B. Excalibur
- C. elle n'est pas nommée par Robert de Boron

19. Arthur fait de Keu :

- A. son principal conseiller
- B. l'archevêque de Logres
- C. son sénéchal

20. La guimpe est :

- A. une pièce du casque
- B. une grande robe
- C. une coiffure

Qui suis-je ?

Retrouvez les noms des personnages du *Roman de Merlin*.

A. Je suis un roi d'Angleterre. Mon fils aîné sera assassiné, les deux plus jeunes contraints à l'exil :

Je suis ....

B. Je suis un sénéchal. J'ai fait mettre à mort le roi Moine et je ne réussis pas à bâtir une tour :

Je suis ....

C. Nous sommes les deux jeunes frères du roi assassiné et nous serons rois chacun à notre tour :

Nous sommes ....

D. Jeune frère du roi Moine, j'ai connu l'exil et je suis mort à la bataille de Salisbury :

Je suis ....

E. Selon les Évangiles, j'ai recueilli le corps du Christ pour le mettre dans mon propre tombeau. C'est de moi que part toute l'histoire du graal :

Je suis ....

F. C'est en souvenir de ma trahison qu'une place reste vide à la Table ronde :

Je suis ....

G. Je suis la femme aimée par le roi Uterpandragon et la mère d'Arthur :

Je suis ....

H. Mes parents m'ont mis en nourrice pour s'occuper du jeune Arthur. Je suis devenu son sénéchal :

Je suis ....

I. Je suis belle, intelligente, je sais écrire. J'ai séduit Merlin et je le retiens prisonnier :

Je suis ....

La sagesse de Merlin

Lisez ces trois maximes :

    A. Qui ne se connaît pas soi-même peut-il connaître autrui ?

    B. Tout a un commencement et nécessairement une fin, il ne faut donc pas s'effrayer de la mort.

    C. Il faut savoir se passer de ce qu'on ne peut avoir.

Laquelle n'est pas de Merlin ? Par qui est-elle énoncée ? En quelles circonstances ?

Les métamorphoses de Merlin

Sous lequel de ces aspects Merlin n'apparaît-il pas ?

    A. Un bûcheron barbu, ébouriffé, habillé d'une courte tunique et portant une lourde cognée.

    B. Un vieillard barbu, vêtu d'une longue tunique bleue, coiffé d'un chapeau pointu et accompagné d'un hibou.

    C. Un homme élégant et de noble apparence.

Derrière la grille

À l'aide de ces définitions, remplissez la grille.

Horizontalement :

1. Roi breton dont le fils aîné est assassiné.
2. La femme de ce duc était très belle.
3. Une grande bataille y eut lieu.
4. Confesseur de la mère de Merlin.
5. Arthur l'est enfin après de nombreux reports.
6. Œuvre de Blaise.
7. Fils d'Antor et sénéchal du roi Arthur. Viviane l'est devenue grâce à Merlin.

Verticalement :

A. Père d'Arthur.
B. La mère de Merlin l'aurait été sans l'intervention de son fils.
C. Le roi le réunit toujours avant de prendre une décision importante.
D. Mère, bien malgré elle, d'Arthur.
E. Les conseils de Merlin le sont.
F. Qualifie la Table.
G. Le facétieux Merlin aime en jouer.
H. Occupants du royaume de Strathclyde et ennemis des Saxons.
I. Roi breton qui renversa l'usurpateur Vertigier.
J. Excalibur ou Durendal.

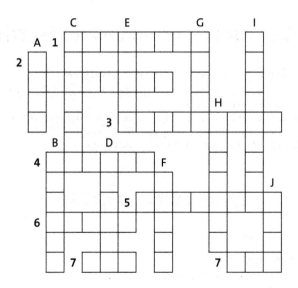

personnages =

Constant
Vertgier
Utel et Pandragon
Joshep
Judas
Irgene
Author
Arthur
Merlin
Viviane
Blaise

Good luc!!!

Notes et citations

Notes et citations

Notes et citations

Notes et citations

Notes et citations

Les classiques et les contemporains
dans la même collection

Les anthologies dans la même collection

Création maquette intérieure :
Sarbacane Design.

Composition : IGS-CP.
N° d'édition : L.01EHRNFG2302.C004
Dépôt légal : décembre 2006
Imprimé en Espagne par Novoprint (Barcelone)